성령인도

HOLY SPIRIT OUR GUIDE

최순애 지음

믿음의말씀사

성령 인도

발행일   2011. 8. 30 1판 1쇄 발행
          2020. 9. 25 1판 2쇄 발행

지은이   최순애
발행인   최순애
발행처   믿음의말씀사
2000. 8. 14 등록 제 68호
우) 16934 경기도 용인시 기흥구 신정로 301번길 59
Tel. 031) 8005-5483 Fax. 031) 8005-5485
http://faithbook.kr

ISBN 89-94901-20-5 03230
값 8,000원

* 본 저작물의 저작권은 '믿음의말씀사'가 소유합니다.
  저작권법에 의해 보호를 받는 저작물이므로 무단 전재와 복제를 금합니다.
* 본 책에 인용된 성경 구절은 개역개정이며, 예외의 경우에는 따로 표기했습니다.

| 목차 |

들어가는 말 ·· 4
제1장   성령 인도를 위한 기본 바탕 ······························· 7
제2장   성령 인도를 위해 알아야 할 기본 진리 ··············· 26
제3장   성령께서 우리를 인도하시는 방법 ······················· 51
제4장   영적인 꿈 ·· 73
제5장   성경에 나타난 영적인 꿈 ····································· 98
제6장   성령 인도를 방해하는 것들 ······························· 119
제7장   성령 인도를 위한 영적 훈련 ······························ 137
제8장   듣는 기도 ··· 151

들어가는 말

할렐루야! 독생자 예수 그리스도를 보내주셔서 우리를 자녀 삼아 주신 하나님을 찬양합니다.

그리스도 예수를 우리 주로 영접함으로, 우리는 새로운 생명을 받고 새로운 피조물이 되어 예수님께서 이 땅에서 보여주셨던 정복하고 다스리는 삶 안으로 초대되었습니다.

하나님께서는 우리에게 하나님의 생명인 조에ZOE 생명을 주셨을 뿐만 아니라, 우리가 그 생명을 가진 자답게 살아갈 수 있도록 보혜사 성령님을 보내 주셨습니다.

이제 우리는 어떤 상황도 다스리고 바꿀 수 있는 자격을 가졌습니다. 그러나 그 실재가 나타나는 것은 우리가 얼마나 우리에게 오신 성령님과 교통하고 동역하느냐에 달려 있습니다.

수년간 저는 성령님으로부터 더 온전한 인도를 받기 원하는 갈망이 있었고, 많은 연습을 해 왔습니다. 신앙생활 초기에는 어떻게 하면 성령 인도를 잘 받을 수 있는지에 대한 방법 자체에 주력했지만, 마침내 영적 성장이 없이는 성령의 인도를 받는 것이 제한될 수밖에 없음을 발견하게 되었습니다. 마치 어머니가 다섯 살 된 아이에게 아무리 좋은 방향을 제시해 주고 싶어도 어린아이의 지식수준에서는 그것을 잘 알아들을 수 없을 뿐더러, 알아듣는다 해도 수행할 능력이 없기 때문에 결국 다섯 살에 맞는 제한된 지시를 할 수밖에 없는 것과 같습니다. 우리는 성경을 통해 하나님께서, 가나안 땅으로 가는 더 가까운 길이 있었음에도 불구하고, 출애굽한 이스라엘 민족이 블레셋과의 전쟁을 감당할 수 없음을 아시고 그들을 더 먼 길로 인도하셨던 것을 발견합니다(출 13:17).

저는 그동안 어떤 수준에 머물러 제한된 성령 인도를 받으면서도 그것이 성령님의 온전한 인도라고 굳게 믿고 있는 사람들을 종종 보아왔습니다. 우리 안에 계신 성령님께서는 각자의 수준에 내려오셔서 그 상태에서 최고의 결정을 할 수 있도록 인도하시며, 또한 동시에 우리가 다음 단계로 성장해 나갈 수 있도록 우리를 친절히 가르치십니다(요 14:26).

이런 개념을 바탕으로 이 책에서는, 성령 인도를 받기 위해 먼저 우리의 심령 가운데 점검해야할 것들과 제가 그동안 실제로 배우고 실천해왔던 방법들을 수록하였습니다.

먼저는 기본 바탕을 잘 준비하는 것이 중요하며, 그런 후에 비로소 구체적인 방법들이 도움이 될 것입니다. 더불어 끊임없는 영적 성장이 이루어져야 우리가 받는 성령 인도가 지속적으로 온전케 될 것입니다. 그리고 무엇보다도, 신앙생활의 진정한 능력은 성령님과 교통하며 인도받는 것에 있음을 인식하고 더 온전한 인도를 지속적으로 갈망하며, 지금 이 책을 접하는 순간부터 새로운 마음으로 작은 것부터 연습하고 실천할 것을 독자 여러분께 권면 드립니다.

아름다운 피아노 연주를 들으면 나도 그렇게 아름다운 연주를 하고 싶은 갈망이 생기게 됩니다. 그러나 바로 오늘 '도레미파' 부터 띵동거리며 시작하여 실수하는 과정을 거치지 않으면 결코 그런 날이 올 수 없습니다. 성령 인도를 받는 것도 똑같습니다. 한두 번 실수했다 하더라도 포기하지 말고 계속하십시오. 나무가 자라듯 성장하여 어느샌가 더 온전하게 성령님의 인도를 받고 있는 자신을 머지않아 발견하게 될 것입니다.

하나님의 자녀인 우리가 이처럼 각자 성령님과의 동역을 발전시켜 나갈 때, 우리를 통해 나타나는 말씀의 실재가 증가되고 하나님의 나라가 우리의 삶에 더 강력하게 나타나게 됨으로써 더 많은 영혼들이 왕국에 더해질 것입니다. 성령님을 주심으로 우리에게 무한한 능력을 주신 주님을 찬양합니다.

온전한 성령의 인도로 세상을 소란케 하는 그리스도의 군사들이 거대하게 일어남을 바라보며……..

2011년 8월 23일
저자 **최 순 애**

제 1 장

성령 인도를 위한 기본 바탕

새로운 피조물로서 인도 받기

　그리스도의 교회에 마지막 대추수가 일어나기 위해서는 근본적인 교리의 회복이 일어나야 합니다. 다시 말해 교회 전반에 걸쳐 원초적인 복음이 회복되고 온전한 계시가 일어나야 하는 것입니다. 비단 특정 교회나 지역뿐만이 아니라 그리스도의 몸인 교회 전체가 유다의 사자처럼 강력하게 일어나서 마지막 추수를 하면 그때 마침내 주님께서 다시 오시게 될 것입니다.

　마지막 때에 교회에 필요한 계시는 바로 우리가 그리스도 안에서 누구인지에 대한 "새로운 피조물의 계시"입니다. 하나님께서는 우리가 거듭날 때 이 땅에서 승리하며 살아가는데 필요한 모든 것을 이미 주셨습니다. 간혹 그리스도인들이 기름부음을 전해 받으려는 목적으로 소위 능력 있다는 사람들을 찾아다니는 것을 보게 됩니다. 그러나 그런 외부로부터의 기름부음은 오래 지속되지 않습니다. 먼저 그리스도 안에서 우리의 본성과 능력이 무엇인지 알고, 믿고, 그것을 확실한 계시로 붙잡는다면, 능력은 자연스럽게 따라오게 됩니다.

이는 단순히 기술을 체득하거나 방법을 습득하는 것과는 다릅니다. 중요한 것은 하나님의 말씀 안에서 정확한 원리를 붙잡는 것입니다. 우리가 능력 있는 사역자들에게서 배워야 할 것은 단지 안수하는 방법이나 말하는 방식이 아니라, 그들이 가진 계시와 믿음의 영입니다.

지식에는 세 가지 단계가 있습니다. 첫 번째 단계는 계시 지식을 이제 막 받은 상태입니다. 예를 들어 홈쇼핑을 통해 어떤 제품이 나왔다는 것을 알고, 그것을 주문하여 받은 것과 같습니다. 어떤 계시 지식이 '있다' 라는 사실은 알지만, 아직 이것을 사용하는 방법은 모릅니다.

두 번째 단계는 인식하는 단계입니다. 받은 물건을 이리저리 살펴보고, 설명서도 참고하면서 사용법을 알게 된 상태입니다. 내가 가진 계시를 어떻게 하면 활성화할 수 있는지 인식하고 이해한 것입니다.

마지막 세 번째 단계는 그 지식과 내가 하나가 된 상태입니다. 이 단계에 이르면 제품의 사용 방법이나 작동 과정을 따로 정리하거나 인식할 필요도 없이 자유롭게 사용하게 됩니다. 이런 상태의 지식을 헬라어로 에피그노시스epignosis라고 합니다. "이로써 네 믿음의 교제가 우리 가운데 있는 선을 **알게 하고** 그리스도께 이르도록 역사하느니라"(몬 1:6)라는 말씀에서도 이 단어가 사용되었습니다. 우리가 믿음 안에서 주님과 교제가 있고 어떤 분야에 대한 지식이 온전하여 마음껏 쓸 수 있는 상태가 되면 그에 대해서는 더 이상 다른 능력을 구할 필요가 없습니다. 무엇보다도 '새로운 피조물의 실재'에 대해 깨닫고 그에 대한 지식에 익숙해지면, 우리가 이미 가진 능력과 권세를 자유롭게 사용하고 누리게 될 것입니다.

실제로 우리는 우리가 받은 계시 지식의 수준을 능가해서 살 수 없습니다. 좋은 메시지를 아무리 많이 듣더라도, 내 삶의 수준은 나에게 일어난 계시의 수준과 정확히 일치합니다. 계시가 일어나지 않은 상태의 지식은 단지 정보일 뿐, 나의 삶에는 직접적인 영향을 미치지 못합니다.

예수님께서는 십자가에서 우리의 모든 죄와 저주를 해결하셨습니다. 그런데 그것이 끝이 아닙니다. 그분의 장사됨과 부활로 인하여, 우리는 의인으로 거듭났고 새로운 피조물이 되었습니다. 하나님께서 우리를 향해 참으로 계획하신 것은 바로 이 새로운 피조물의 삶입니다.

지금까지의 계시가 틀린 것은 아닙니다. 다만 우리의 계시는 항상 점진적으로 발전하고 있다는 것을 이해하십시오. 그리스도의 말씀에 대한 계시는 점진적으로 발전하여 왔고, 이제 마지막 때 우리에게는 "새로운 피조물의 실재"에 대한 계시가 열렸습니다.

우리는 이 계시로 마음(생각)을 새롭게 해야 합니다. 율법적인 생각을 철저히 제거하십시오. 하나님은 우리의 생각을 통하여 우리의 영에 역사하십니다. 즉 생각이 영으로 들어가는 문인 것입니다. 우리는 하나님의 말씀조차도 내가 가진 생각의 틀 안에서 받아들입니다. 그래서 갑자기 너무나 발전된 계시를 듣게 되면, 그것을 받아들이지 못하고 거부 반응을 보이기도 합니다. 성령 인도도 마찬가지입니다. 하나님께서는 우리가 가진 생각의 틀을 뛰어 넘어 우리를 강권적으로 인도하실 수 없습니다.

새로운 피조물의 계시로 마음을 새롭게 하십시오. 그렇게 할 때 하나님의 계획을 따라서 보다 온전하게 인도받고 승리하는 삶을 살 수 있습니다. 성령 인도를 잘 받기 위해서, 우리는 "새로운 피조물의 계시"라는 바탕을 마련해야 합니다. 하나님께서는 우리가 그리스도 안에서 자신이 누구인지 알고, 새로운 생명을 따라 다스리고 정복하는 삶을 살기 원하십니다.

성령 인도의 의미와 이 책의 목적

우리는 보통 우리가 받는 영의 인도를 "성령 인도"라고 표현합니다. 그러나 사실 이것은 다소 정확하지 않은 표현입니다. 궁극적으로 성령께서 인도하시는 완벽한 길은 한 가지 뿐입니다.

즉 가장 온전한 답은 하나뿐이라는 것입니다.

그러나 실제로 우리는 우리의 영적인 수준에 따라 각자 다른 인도를 받게 됩니다. 우리 안에 계시는 성령님께서 우리의 상태를 정확히 아시고 우리가 감당할 수 있는 수준에서 인도하시기 때문입니다. 영적으로 5살인 사람이 영적으로 10살인 사람과 똑같은 방향으로 인도를 받을 수는 없는 일입니다.

우리 안에 계신 성령께서는 각 사람의 수준에 맞는 최고의 길로 인도하십니다. 결국은 성령님을 통한 "우리 영의 인도"인 것입니다. 이를 단순히 성령 인도라고 부르기에는 무리가 있습니다. 그러므로 우리는 성령의 인도를 온전히 받을 수 있기까지 영적으로 끊임없이 성장해야 합니다.

구원받은 하나님의 자녀는 누구나 내주하시는 성령님의 인도를 받을 수 있습니다. 이 책의 목적은 먼저 성령 인도의 기본 바탕을 다루고 또한 그 방법을 가르침으로써, 성도들로 하여금 그들의 거듭난 영 안에 오신 성령님의 도움을 입어 각자의 삶에서 초자연적인 인도를 누리게 하는 것입니다. 그리하여 이 책에서는 첫째, 성령으로 인도받기 위해서 우리가 가져야 할 기본 바탕을 살펴보고, 둘째, 성령 인도의 구체적인 방법에는 무엇이 있는지 실제적인 적용에 대해서 나눌 것입니다.[1]

---

[1] 관련 내용은 케네스 해긴 저, 『어떻게 하나님의 영으로 인도받을 수 있는가?』, 『하나님의 계획과 목적과 추구』(믿음의 말씀사) 참조.

성령 인도를 받기 위한 바탕

사실 성령 인도는 그저 한 두 시간 방법을 배워서 완성되는 것이 아닙니다. 구체적으로 자신의 삶 가운데 배운 것을 적용하면서, 스스로 훈련하고 점진적으로 발전시켜 나가야 합니다.

우리의 생각이 말씀으로 새로워져서, 모든 것을 말씀대로 믿고 말씀대로 바라볼 수 있다면 인생이 아주 쉽고 간단해질 것입니다. 당연히 성령 인도를 받기도 쉬워지겠지요. 그런데 우리의 생각은 그동안 들어왔던 세상의 정보로 가득 차있기 때문에, 오히려 우리가 하나님의 음성을 제대로 듣지 못하도록 방해합니다. 그래서 로마서에서도 "너희는 이 세대를 본받지 말고 오직 마음mind을 새롭게 함으로 변화를 받아 하나님의 선하시고 기뻐하시고 온전하신 뜻이 무엇인지 분별하도록 하라"(롬 12:2)라면서, 생각을 바꾸는 것의 중요성을 말하고 있습니다. 우리의 생각을 새롭게 하여 성경적으로 재구성한다면, 하나님의 선하시고 기뻐하시고 온전하신 뜻이 무엇인지 아는 것은 어려운 일이 아닙니다. 즉 우리의 바탕이 잘 되어 있다면 성령 인도를 받는 것은 너무나 쉬운 일입니다.

성령 인도에는 사실 여러가지 복합적인 요소가 작용합니다. 이를테면 종합 예술 같다고도 표현할 수 있습니다. 예를 들어 오페라 한 편을 무대에 올린다고 가정해 봅시다. 단지 노래만 잘 해서는 안 됩니다. 가수는 물론이거니와, 악기나 의상이나 무대 등 다양한 요소들이 모두 어우러져야 한 편의 아름다운 오페라가 완성됩니다. 마찬가지로 성령 인도 또한 특정 기술만 개발해서 되는 것이 아니라, 영적 성장의 여러 요소들이 합쳐져야 완성되는 것입니다.

그 요소 중에는 하나님의 성품을 잘 아는 것이 있습니다. 이것은 우리가 성령 인도를 잘 받는데 매우 큰 도움을 줍니다. 엄마와 좋은 관계를 맺고 있는 자녀는 엄마가 어떤 일을 시키면 무슨 의도로 그렇게 하는지를 잘 이해하고 받아들입니다. 굳이 말하지 않아도 엄마가 어떤 생각을 하는지 기분이 어떠한지 잘 헤아릴 수 있는 것입니다. 그런데 만약 만난 지 얼마 되지 않은 새엄마와 자녀 사이라면, 아직 서로에 대한 정보나 경험이 없고 친밀감도 없기 때문에 의중을 헤아리지 못하고 오해하는 경우도 있을 것입니다. 마찬가지로 율법적인 신앙생활을 하는 사람들은 하나님과의 개인적인 관계가 발전되어 있지 않기 때문에 성령의 인도를 받기가 매우 힘듭니다. 이들은 하나님은 선하시며 사랑이시라는 기본적인 전제조차 상황에 따라 흔들리곤 합니다.

율법은 누구에게나 똑같이 '해라' 또는 '하지 마라'라고 적용됩니다. 그러나 성령 인도, 즉 성령을 통한 우리 영의 인도는 상대적이며 개인적입니다. 이 사람에게는 허용되는 일이 영적으로 성숙한 다른 사람에게는 허락되지 않을 수 있습니다. 어떤 사람에게는 연약함으로 인하여 어쩔 수 없이 행하게 되는 일이 성숙한 사람에게는 불신앙의 선택이 될 수도 있습니다. 이것은 우리 각자의 영적 성장의 정도에 따라 결정됩니다. 성장한 사람은 그만큼 감당할 능력이 있기 때문입니다. 그래서 우리는 무엇을 할지 말지에 대한 행위의 문제보다는, 심령의 바탕과 중심의 문제를 더 중요하게 다루어야 합니다.

성령 인도를 받는 복된 삶

> 시 23:1-3
> 여호와는 나의 목자시니 내게 부족함이 없으리로다 그가 나를 푸른 풀밭에 누이시며 쉴 만한 물 가로 인도하시는도다 내 영혼을 소생시키시고 자기 이름을 위하여 의의 길로 인도하시는도다

다윗이 쓴 시편 23편에는 성령 인도를 받으며 살아가는 성도들의 아름다운 모습이 묘사됩니다. 여호와께서 우리의 목자이시므로 우리에게는 아무런 부족함이 없습니다. 그분께서는 우리를 항상 좋은 곳으로 인도하고 계십니다.

거듭난 그리스도인들은 새로운 피조물이자 의인의 삶으로 인도 받습니다. "진리의 성령이 오시면 그가 너희를 모든 진리 가운데로 인도하시리니"(요 16:13) 진리란 하나님의 말씀을 말합니다. 성령께서는 우리가 하나님의 말씀의 진리를 깨닫게 하시고, 또 그 말씀이 실재가 되도록 우리를 인도해 주십니다.

근본적으로 성령님은 우리로 하여금 우리가 받은 영생, 즉 하나님과 같은 종류의 생명인 조에zoe 생명을 제대로 누리게 하시려고 오셨습니다. 닭은 결코 오리에게 오리로서의 삶에 대해 알려줄 수 없습니다. 오리가 직접 오리의 삶을 가르쳐야 합니다. 마찬가지로 하나님의 생명을 가지신 성령님께서 직접 하나님의 생명으로 사는 삶을 가르치기 위하여 우리에게 오신 것입니다. 우리는 그 성령님과 언제나 동행하는 특권을 누리고 있습니다.

> 시 1:1-3
> 복 있는 사람은 악인들의 꾀를 따르지 아니하며 죄인들의 길에 서지 아니하며 오만한 자들의 자리에 앉지 아니하고 오직 여호와의 율법을 즐거워하여 그의 율법을 주야로 묵상하는도다 그는 시냇가에 심은 나무가 철을 따라 열매를 맺으며 그 잎사귀가 마르지 아니함 같으니 그가 하는 모든 일이 다 형통하리로다

시편 1편은 복 있는 사람의 삶에 대해 묘사합니다. 여기에서 재미있는 것은 먼저 무엇을 '하는지'가 아니라 '하지 않는지'에 대해서 이야기한다는 점입니다. 먼저 잘못된 것을 내려놓아야 좋은 것을 붙잡을 수 있기 때문입니다.

그래서 복 있는 사람은 악인들의 꾀를 따르지 아니하고, 죄인들의 길에 서지 아니하며, 오만한 자들의 자리에 앉지 않습니다.

이 말씀에서 악인, 죄인, 오만한 자란 거듭나지 않고 세상에 속한 사람들을 일컫습니다. 즉, 복 있는 사람은 세상으로부터 상담 받지 않고, 세상적인 방법대로 살아가지 않는다는 것입니다. 세상에서 하는 모든 일들은 결국 인정받고자 하는 마음, 즉 자기 높임에서 비롯됩니다. 그러나 우리는 겸손하게 자아를 양보하는 삶을 살아야 합니다.

말씀은 복 있는 사람은 이런 잘못된 것들을 제거하고, "오직 여호와의 율법을 즐거워하여 주야로 묵상"한다고 말합니다. 구약 시대에 쓰인 이 구절을 신약식으로 해석한다면, 우리는 율법 대신 그리스도 안에서 내가 누구이며, 무엇을 할 수 있으며, 무엇을 가지고 있는지에 대한 말씀을 끊임없이 묵상해야 합니다.

"묵상하다"라는 부분에 사용된 히브리어 "하가hagah"는 "읊조리다mutter", "포효하다roar"라는 뜻을 가지고 있습니다. 즉, 말씀을 '묵상한다'라는 것은 말씀의 뜻을 생각하고 진리로 받아들인다는 의미도 있지만, 그 외에 읊조리며 고백하고, 큰소리로 선언한다는 의미도 포함합니다. 결국 복 있는 사람은 그리스도 안에서 자신이 누구인지에 대한 말씀을 잘 알 뿐만 아니라, 밤낮으로 인식하고 선포하는 사람입니다.

그러면 그는 시냇가에 심은 나무처럼 모든 일에 형통합니다. 다른 나무들은 가뭄이 오면 마르게 되지만, 시냇가에 심긴 나무는 마지막까지 물을 공급받으며 상황에 관계없이 시절을 좇아 열매를 맺을 것입니다.

부르심에 초점을 맞추기

거듭난 우리는 기본적으로 모두 성령의 인도를 받습니다. 그러나 얼마나 많은 일에서 얼마나 풍성하게 인도를 받을 수 있는가는 얼마나 성령님께 귀를 기울이며 청종하느냐, 또 얼마나 영적으로 성장하고 우리 안의 새로운 본성을 강화시키느냐에 달려 있습니다.

이런 면에서 우리가 하나님의 부르심에 인생의 초점을 맞춘다면 성령 인도를 더 잘 받을 수 있게 됩니다. "무엇을 먹을까 무엇을 마실까 무엇을 입을까 하지 말라 … 그런즉 너희는 먼저 그의 나라와 그의 의를 구하라 그리하면 이 모든 것을 너희에게 더하시리라"(마 6:31, 33) 우리가 영적으로 어린 아이일 때는 개인적인 필요에만 관심을 가지며, 그런 것들을 구할 때 하나님께서도 답을 주실 것입니다. 그러나 계속 그 수준에만 머물러 있어서는 안 됩니다.

우선 하나님께서 그리스도인을 향해 예비하신 부르심에 대한 개념을 바르게 해야 합니다. 부르심에는 3가지 차원이 있습니다.

먼저 그리스도인의 첫 번째 부르심calling은 "영혼 구원"입니다. 이에 대해서는 반론의 여지가 없습니다. 전임사역자로 부름 받았든지, 돕는 자로 부름 받았든지 상관없이 모든 그리스도인의 첫 번째 부르심은 영혼을 구원하는 것입니다. 우리가 지금

이 땅에 살아 있는 이유는 오직 이 때문입니다. 이 부르심을 놓친다면 빨리 천국에 가는 것이 오히려 우리에게 더 유익할 것입니다. 이 땅이 아무리 좋더라도 천국에는 비할 바가 아니기 때문입니다.

두 번째 부르심은 그리스도의 몸 가운데 나의 위치vocation입니다. 이것은 내가 교회 안에서 어떤 위치를 차지하고 어느 분야를 감당하느냐에 대한 것입니다.

세 번째는 직업occupation입니다. 세상 사람들은 직업을 통해 자신의 사명을 찾고 자아를 실현하려고 합니다. 그러나 우리의 접근 방향은 반대입니다. 우리의 직업은 첫 번째 부르심인 영혼 구원과 두 번째 부르심인 하나님 왕국(교회)에서의 위치를 잘 감당하기 위해서 존재하는 것입니다.

이러한 순서가 바르게 될 때 성령의 인도를 더 효과적으로 받을 수 있습니다. 성령님은 우리의 인생을 하나님의 말씀의 방향에 따라 인도하시기 때문입니다.

어두움을 거절하고 평강 안에 거하기

성령 인도를 잘 받기 위해서는 어떤 방법이나 기술보다는 기본 바탕을 마련해야 한다는 것에 대해 계속해서 나누고 있습니다.

첫 번째로 우리는 평강 안에서 살아야 합니다. 염려나 두려움으로 인해 혼돈된 상태에서는 영적 직감으로 인도받을 수 없습니다. 우리의 심령이 잔잔한 물과 같지 않고, 복잡한 생각이나 상처 때문에 거칠어져 있다면 당연히 세밀한 직감으로 인도받기는 어렵습니다. 우리는 대부분의 경우 영적 직감을 통해 인도받기 때문에, 어떤 것도 심령의 평안을 빼앗지 못하도록 유의해야 합니다. "주께서 심지가 견고한 자를 평강하고 평강하도록 지키시리니 이는 그가 주를 신뢰함이니이다"(사 26:3)

우리의 자아가 죽을수록 두려움이 없어지고, 평강을 유지하기가 더 쉬워집니다. 자아가 죽는다는 것은 곧 새로운 본성이 강화되는 것을 의미합니다. 옛날의 내가 가지고 있던 생각이나 습관을 새로운 본성으로 변화시키는 것입니다. 그렇게 할 때 상황과 사람에 대한 두려움이 없어지고, 다른 사람에게 상처를 덜 받고 또 덜 주게 됩니다.

사람들이 은사를 많이 받고도 넘어지는 이유는 바로 다른 사람에게 인정받기 원하는 마음 때문입니다. 예언 사역을 하시는 분들 중에서 간혹, 상대가 자신의 예언을 받아들이지 않으면 기분이 상하시는 분들이 계십니다. 그런 분은 하나님께서 남을 섬기는 은사를 주셨지만 그것을 잘 사용할 수 없는 상태에 있다고 볼 수 있습니다. 왜냐하면 그 중심에 남을 섬기는 마음이 아니라, 남을 주관하려는 마음이 있기 때문입니다.

하나님의 말씀에 일치하지 않는 옛 본성들이 거듭난 새 본성에 많이 양보될수록, 하나님의 음성을 더 잘 듣게 되며 또한 다른 사람도 더 많이 섬길 수 있는 위치로 옮겨지게 됩니다. 하나님은 그런 사람에게 더 많은 이야기를 해주실 수 있습니다.

 소수의 사람만이 하나님의 음성을 잘 들을 수 있는 이유는, 미움이나 분쟁이 없는 사람이 극히 드물기 때문입니다. 심령에 있는 어두움은 성령 인도를 방해합니다. 그런데 우리가 이런 함정에 빠지는 이유는 결국 하나님의 사랑에 대한 계시가 정확하지 않기 때문입니다. 하나님께서 나를 얼마나 사랑하시는지를 알면 사람에게 육신적인 기대를 하지 않게 되고, 또한 그분께서 상대방을 얼마나 사랑하는지를 깨달으면 결코 그들에 대해 부정적인 감정을 품을 수 없습니다. 하나님의 사랑에 대해 묵상하고, 그 사랑이 우리에게 부은 바 된 것을 인식하십시오. 그러면 불필요한 분쟁이나 미움에서 해방될 수 있을 것입니다.

온전히 헌신된 삶

 두 번째로 우리는 온전히 헌신된 삶을 살아야 합니다. 이는 다른 말로 복종하는 삶이라고도 할 수 있습니다. 이것은 행동이 아니라 심령heart, 즉 중심에 대한 이야기입니다. 우리의 심령이 온전히 하나님을 향하고 그분께 헌신되어 있다면, 당연히 하나님의 음성을 잘 들을 수 있을 것입니다. "너는 마음을 다하여 여호와를 신뢰하고 네 명철을 의지하지 말라 너는 범사에 그를 인정하라 그리하면 네 길을 지도하시리라"(잠 3:5-6)

때로 자기의 마음 깊은 곳에서는 하나님의 말씀을 듣고 싶지 않으면서 성령 인도를 구하는 경우가 있습니다. 또는 이미 스스로 결론을 내려놓고서, 음성을 듣겠다고 기도하는 경우도 많습니다. 그러나 이런 사람들은 자기 생각이 너무 강하기 때문에 하나님의 음성을 들을 수가 없습니다. 말씀하셔도 들리지 않는 것이지요. 그리고 하나님께서는 듣고 순종하지 않을 것에 대해서는 강권적으로 말씀하지 않으십니다.

그러므로 온전하게 하나님의 인도를 받으려면, "나는 정말 하나님께서 말씀하시는 대로 하겠다."라는 태도로 접근해야 합니다. 부르심을 찾기 위해서 기도하는 것도 마찬가지입니다. 하나님께서는 우리의 사명을 알려주고 싶어 하시는데 우리는 개인적인 필요와 소망을 채우는 것에만 관심을 갖는다면, 하나님께서는 우리의 중심heart이 초점을 맞추고 있는 바로 그 수준에서 우리를 인도하실 수밖에 없습니다.

마 6:10
나라가 임하시오며 뜻이 하늘에서 이루어진 것 같이 땅에서도 이루어지이다

예수님께서 위의 말씀을 하셨던 때와 달리, 지금 우리에게는 하나님의 나라가 이미 임해 있습니다. 그러나 하나님께서 정말 원하시는 그 뜻이 하늘에서와 같이 이 땅에서도 이루어지게 하

는 것은 우리의 몫입니다. 즉 우리에게 주어진 권세를 가지고 하나님 나라의 영향력을 확장시키는 일은 우리에게 달려 있는 것입니다. 따라서 하나님께 온전히 헌신된 자는 기도의 초점도 그러한 일에 맞추어져 있습니다.

마 6:33
그런즉 너희는 먼저 그의 나라와 그의 의를 구하라 그리하면 이 모든 것을 너희에게 더하시리라

위의 말씀과 같은 심령이 바탕이 된 상태에서 살아가면서 꼭 필요한 것들을 구한다면 그 기도는 응답될 수밖에 없을 것입니다. 그러므로 우리가 성령의 인도를 잘 받으려면 우선순위를 정확하게 하고 하나님의 나라와 의를 먼저 구하는 자가 되어야 합니다.

바른 심령을 마련하기

'육신을 죽인다' 라는 개념을 어떻게 이해하십니까? 많은 그리스도인들이 자신의 육신적인 습관이나 행동, 감정을 제어하는 것에 집중하면서 고군분투하고 있습니다. 그러나 육신 자체를 죽이는 것보다는, 새로운 본성을 풀어내는 데 집중하는 것이 더 효과적입니다. 새로운 본성을 강화시킬수록 상대적으로 육

신적인 특징들은 약해지기 때문입니다. 육신적인 생각의 가지를 치고 하나님께 복종하는 사람만이 내적 직감을 넘어 더 높은 차원으로 인도받을 수가 있습니다. 방법이 먼저가 아닙니다. 결국 성령 안에서 시간을 보내며 심령을 준비하는 사람이 성령의 음성을 잘 듣게 됩니다.

마 20:16 (한글킹제임스)
그러므로 나중 된 자들이 먼저 되고 먼저 된 자들이 나중 되리라. 이는 부르심을 받은 사람은 많으나, 택함을 받은 사람은 적기 때문이라.

마 22:14
청함을 받은 자는 많되 택함을 입은 자는 적으니라

위의 성경 구절들은 모두 심령에 대해서 말하고 있습니다. 먼저 마태복음 20:16의 앞부분에 나오는 이야기는 바로 포도원 품꾼의 비유입니다. 포도원 주인이 하루 한 데나리온씩 약속하고, 각각 삼시, 육시, 구시, 십일시에 나가서 품꾼들을 구해 왔습니다. 그리하여 날이 저물고 주인이 삯을 쳐주는데 일찍 온 자나 늦게 온 자나 구별 없이 모두 한 데나리온씩을 주었습니다. 먼저 온 사람들은 자신이 더 받을 줄 기대하다가 같은 삯을 받자, 주인을 원망하면서 불평을 합니다. 그러자 주인은 "내가 네게 잘못한 것이 없노라 네가 나와 한 데나리온의 약속을 하지 아니하였느냐 네 것이나 가지고 가라 나중 온 이 사람에게 너와 같이 주는 것이 내 뜻이니라 내 것을 가지고 내 뜻대로 할 것이 아니냐 내가 선하므로 네가 악하게 보느냐"(마 20:13-15)라고 대답합니다. 그리고 바로 이어서 예수님께서 하신 말씀이 바로 위에 인용된 마태복음 20:16입니다. 결국 이 말씀의 뜻하는 바는 우리 모두에게는 부르심이 있지만, 우리가 바른 중심을 가지고 주님께서 각자에게 맡겨주신 일에 집중하지 않는다면 택함 받은 자리에까지는 이르지 못한다는 것입니다.

이어서 마태복음 22:14에서도 예수님은 같은 말씀을 하십니다. 이 말씀을 하실 때의 상황을 21장부터 살펴보면, 예수께서 성전에서 가르치고 계실 때 대제사장들과 장로들이 와서 그분을 시험하는 내용이 나옵니다. 그래서 예수님께서 몇 가지 비유를 계속 말씀하신 것인데, 이는 모두 심령에 대한 이야기입니다.

우리는 주님과 각자 개인적으로 일대일의 관계를 맺습니다. 그러므로 다른 사람과 나를 비교하는 것은 무의미하며, 오직 자신의 심령을 점검하고 구비하여 주님 앞에 항상 바른 심령을 유지해야 합니다.

성령의 인도를 온전하게 받기 위해서는 가장 먼저 바른 심령이 마련되어야 합니다. 이것이 하나님의 음성을 잘 듣기 위해 가장 중요한 바탕입니다. 우리는 모두 그리스도 안에서 거듭난 내가 누구인지 늘 생각하고 말하고, 영혼 구원이라는 나의 첫 번째 부르심에 대해서 정확하게 붙잡으며, 언제나 어두움이 없는 평강한 심령을 유지해야 합니다. 이렇게 할 때, 우리 삶 가운데 더 많은 하나님의 증거와 열매들이 확실하게 나타날 것입니다.

제 2 장

성령 인도를 위해
알아야 할 기본 진리

많이 맡길수록 많이 인도받는다

첫째, 성령님은 우리가 맡기는 만큼만 인도하십니다.

잠 3:5-7
너는 마음을 다하여 여호와를 신뢰하고 네 명철understanding을 의지하지 말라 너는 범사에 그를 인정하라 그리하면 네 길을 지도하시리라 스스로 지혜롭게 여기지 말지어다 여호와를 경외하며 악을 떠날지어다

위의 구절을 율법적으로 "너의 명철만 의지해서는 안 된다."라는 메시지로 받아들일 수도 있지만, 이 말씀에서 주는 중요한

메시지는 우리가 범사에 주님을 인정하고 내어드리면 그분께서 우리의 길을 온전히 지도해주신다는 것입니다.

어떤 일이든 하나님께 먼저 묻기 전에 우리 스스로의 논리나 이해를 의지하여 결론을 내려버리면, 하나님께서는 우리를 다른 길로 인도하시기가 어렵습니다. 하나님은 우리가 그분을 신뢰하고 맡기고 내어드리는 만큼만 인도하실 수 있습니다. "이 분야에 대해서는 내가 더 잘 알아."라고 생각하면서 스스로를 지혜롭게 여기면, 상대적으로 하나님께는 그 일을 내어놓지 않게 되고, 결국은 이것이 성령 인도의 적이 됩니다.

지혜에는 하나님의 지혜와 사람(세상)의 지혜가 있습니다. 잠언에서 이야기하듯이 사람의 지혜의 끝은 어리석음입니다. 사실 그리스도의 교회 안에서도 사람의 지혜에서 비롯된 것들이 많이 있습니다. 기독교 서적들도 마찬가지입니다. 그것이 부분적인 진리는 될 수 있을지라도, 하나님의 눈에는 모두 어리석은 것에 불과합니다. 하나님의 지혜를 인간의 지혜로 대신하는 것은 결국 구리로 금을 대신하는 것과 같습니다. 우리가 매사에 주님께 의지하면 내가 결정하고 선택하는 것보다 훨씬 더 좋은 길을 갈 수 있습니다.

성령 인도를 받는 그리스도인의 삶이 어떤 모습인지 쉽게 이해하려면, 차를 운전하는 모습을 그려 보십시오. 운전대에 앉은 것은 바로 나입니다. 주님께서 내 인생의 운전대에 앉아 직접 운전하시는 것이 아닙니다. 그분께서 앉아 계신 곳은 보조석입니다. 운전은 내가 하고, 주님께서는 다만 내가 어디로 가야할지를 알려 주십니다. 그것도 수시로 끼어들어서 말씀하시는 것이 아니라 우리가 물어볼 때만 대답해 주십니다. 우리가 묻지 않고 멋대로 운전하더라도, 주님은 옆 자리에 가만히 앉아 계실 수밖에 없습니다. 주님께서 길을 알려주셨더라도 마찬가지입니다. 주님께서 우회전이라고 말씀하셨어도, 핸들을 꺾어 오른쪽으로 가는 것은 우리의 몫입니다. 주님의 말을 듣고도 내 뜻대로 좌회전하여 갈 수도 있는 것입니다.

그러므로 우리가 성령 인도를 받는 범위는 얼마나 자주, 그리고 얼마나 많이 내어놓고 여쭈어보느냐에 따라 정해집니다. 주님은 맡기지 않는 것에 대해서는 절대로 간섭하지 않으십니다. 왜냐하면 그분의 성품은 사랑이기 때문입니다. 하나님의 아가페 사랑은 절대로 남을 주관하거나 조종하거나 지배하지 않습니다. 그분은 우리에게 항상 선택할 수 있는 자유를 주시고 우리의 의지를 인정하십니다. 그러므로 돌아서 가는 길이라 하더라도 우리가 원한다면 그렇게 하도록 허락하실 수밖에 없습니다.

이것을 하나님의 "허락하신 뜻"이라고 표현합니다. 나중에 되돌아보니 내가 그때 지름길이 아니라 돌아오는 길을 선택했음을 깨달았던 경험이 다들 있으실 것입니다. 그러나 결정할 당시에 우리가 스스로의 지혜와 생각을 근거로 특정 방향을 강하게 열망한다면, 하나님께서는 우리가 그 길을 선택하도록 허락하실 수밖에 없습니다. 물론 그것이 하나님의 온전한 뜻은 아닙니다. 그러나 사실 사람은 가보지 않은 길에 대해서 미련을 가질 수 있습니다. 특별히 영적으로 온전하게 성숙하지 못한 사람들은 직접 경험해 보지 않고서는 미련을 버리지 못하는 경우가 많습니다. 그러므로 우리는 실제적으로 "온전하신 뜻"이 아닌 "허락하신 뜻"을 많이 선택하면서 영적 성장의 과정을 통과하게 됩니다.

예를 들어 10단계를 온전한 수준이라고 가정해 봅시다. 그런데 영적으로 어린 아이인 사람이 10단계는 생각조차 하지 못하고 1단계와 2단계 중에서 무엇을 선택할지를 하나님께 여쭈어본다면, 하나님께서는 어떻게 대답하실까요? 하나님의 온전하신 뜻은 10단계이지만, 그 사람에게는 "2단계를 택하라."라고 말씀하실 수밖에 없습니다. 그러므로 앞에서도 언급했듯이, **결국 우리가 받는 "성령 인도"란, 각자가 처한 영적 수준의 틀에서 최대한의 것으로 인도받는 것이라 할 수 있습니다. 이것이 우리가 온전히 성령의 뜻대로 사는 삶을 살기 위해서 끊임없이 성장해야 하는 이유입니다.**

그러나 또 기억할 것은, 우리가 최고를 택하지 못했더라도 하나님께서는 우리의 수준을 잘 아시고 끝까지 은혜로 보호해 주신다는 사실입니다. 하나님께서는 "너는 내 인도대로 하지 않았다."라고 말씀하시면서 우리가 고생하고 실패하도록 방치하시는 분이 아닙니다. 이는 마치 내비게이션이 길을 알려주는 것과 같습니다. 우리가 처음 안내 받은 최선의 경로를 이탈하더라도,

내비게이션은 "현 위치에서 최적 경로"를 다시 찾아서 알려 줍니다. 마찬가지로 어떤 상황에서라도 우리가 다시 하나님께 나아온다면, 그분은 우리를 그 상황에서 다시 최고의 길로 인도해 주시는 분입니다.

그러므로 우리는 성령 인도에 대해 긍정적인 바탕에서 접근해야 합니다. 하나님의 인도를 받지 않으면 큰일을 당하리라는 두려움에서 출발하지 마십시오. 우리는 보다 온전하고 효율적인 길을 찾기 위해서 성령의 인도를 구하는 것입니다. 그 과정에서 실수할 수도 있습니다. 그러나 중심이 바르다면 문제가 되지 않습니다. 우리에게는 언제나 하나님 앞에 어떠한 정죄감이나 열등감이나 두려움 없이 담대하게 나아갈 수 있는 의가 있기 때문입니다.

물론 영적으로 장성한 분량에 있는 사람이 고의적으로 잘못된 선택을 한 경우에는 사정이 조금 다릅니다. 앞에서도 언급했듯이 우리 거듭난 그리스도인들은 구약 시대처럼 다 똑같은 율법의 적용을 받는 것이 아닙니다. 새 언약의 성도인 우리는 각자의 수준에 맞게 인도 받고 행동할 책임이 있습니다. 세상의 부모들도 열 살 된 자녀가 다섯 살 된 자녀와 똑같은 실수를 한다면, 더 이상 다섯 살짜리처럼 용납해주지 않습니다. 열 살 된 아이는 그 나이에 맞는 기준과 가르침으로 바로 잡아야 합니다. 마찬가지로 어떤 사람에게는 실수로 여겨져서 용서될 일이, 다른 사람에게는 불신앙으로 인한 선택이 되어 그에 따른 치명적인 결과를 초래할 수도 있습니다. 하나님께서는 우리의 중심을 보시고 정확하게 판단하실 것입니다.

그래서 영적 성장이 중요합니다. 우리가 성령의 인도를 잘 못 받았다 하더라도 하나님께서는 다시 협력하여 선을 이루실 수 있습니다. 그러나 덜 좋은 길은 그만큼 덜 좋은 결과를 낼 수밖에 없습니다. 아무리 좋게 마무리 된다고 하여도 어디까지나 '그 상황에서' 최고인 것입니다. 그러므로 우리는 아버지의 성품을 잘 알고 그분과의 관계를 지속적으로 계발하며, 그리스도 안에서 내가 누구인지 알아가야 합니다. 그렇게 할 때 언제나 담대하고 과감하게 인도를 구할 수 있고, 잘못된 길에서도 쉽게 돌이킬 수 있으며, 마침내 성령의 최고의 뜻 가운데 살아갈 수 있습니다.

모든 그리스도인은 하나님의 음성을 들을 수 있다

둘째, 그리스도인은 모두 하나님의 음성을 들을 수 있다는 것을 믿어야 합니다. 우리는 모두 거듭남과 동시에 새로운 본성을 받았기 때문에, 하나님의 음성을 듣고 그분의 인도를 받을 수 있습니다. 물론 영적 어린 아이들은 스스로 온전한 인도를 받을 수 있기까지 영적 권위자를 통해 지도받고 훈련해야 합니다. 그러나 기본적으로 거듭난 그리스도인들에게는 모두 하나님의 음성을 들을 수 있는 능력이 주어졌습니다.

요 10:27
내 양은 내 음성을 들으며 나는 그들을 알며 그들은 나를 따르느니라

이것이 예수님께서 말씀하신 진리입니다. 아직 한 번도 성령의 인도를 제대로 받아본 적이 없더라도, 말씀에 근거하여 "나는 주님의 음성을 들을 수 있습니다."라고 고백하기 시작하십시오. 이것이 시작입니다.

롬 8:14
무릇 하나님의 영으로 인도함을 받는 사람은 곧 하나님의 **아들**이라

위 구절에서 "아들"이라는 단어에 쓰인 원어는 "휘오스huios"입니다. 이는 생물학적인 아들을 뜻하는 "테크논teknon"과는 달리 "양자adopted son", 즉 상속받기로 이미 택정된 성숙한 아들을 뜻합니다. 성숙한 아들일수록 하나님의 영으로 인도를 잘 받을 수 있다는 것입니다.

우리 모두는 하나님의 음성을 들을 수 있으며, 실제로 성령님은 우리 모두에게 계속 말씀하고 계십니다. 그러나 그것을 들을 수 있는 범위는 각자 다릅니다. 그래서 어떤 사람은 예수는 믿었지만 성령 인도와 전혀 상관없이 세상 속에서 살아 가다가,

죽을 때가 되어서야 "돌아와라"라는 성령의 종용하심을 듣고 돌아와 회개하고 하늘나라로 가는 경우도 있습니다. 구원을 위한 최소한의 인도인 것입니다. 그러나 우리는 이 정도의 삶을 살아서는 곤란하겠습니다. 우리는 각자 성령의 인도를 받는 범위를 계속해서 확장시켜 나가야 합니다.

하나님의 계획이 더 위대함을 믿으라

셋째, 우리의 생각과 계획보다 그분의 생각과 계획이 더 위대함을 믿어야 합니다. 우리가 누군가에게 조언을 해주려고 할 때, 그 사람이 그 문제는 자기가 잘 안다고 하면서 고집을 부린다면 제대로 조언을 해줄 수가 없을 것입니다. 성령님도 마찬가지입니다. 우리는 항상 나의 생각보다 그분의 생각이 더 위대하다는 것을 기억하고 믿어야 합니다.

잠 14:12
어떤 길은 사람이 보기에 바르나 필경은 사망의 길이니라

사 55:8-9
이는 내 생각이 너희의 생각과 다르며 내 길은 너희의 길과 다름이니라 … 이는 하늘이 땅보다 높음 같이 내 길은 너희의 길보다 높으며 내 생각은 너희의 생각보다 높음이니라

위의 구절은 구약 시대의 말씀이기 때문에 우리에게 완전히 적용되는 것은 아닙니다. 왜냐하면 우리는 거듭남으로 말미암아 그리스도의 마음을 가졌고, 우리의 거듭난 본성을 강화한다면 충분히 예수님과 똑같이 말하고 생각하고 느끼고 행동할 수 있기 때문입니다.

그러나 우리는 지금 그 새로운 본성을 강화하는 과정 가운데 있습니다. 그러므로 개인에 따라 아직 온전하게 인도받지 못하는 분야의 문제들을 하나님께 내어 놓을 때, 내 생각보다 위대하신 그분의 생각을 통해 인도받을 수 있습니다. 만약 어떤 일에 대해 하나님께 기꺼이 내어 놓기가 어렵다면, "주님, 이 문제에 관해서 저의 계획보다는 아버지의 계획이 더 크고, 저의 생각보다는 아버지의 생각이 더 옳으신 것을 믿습니다. 그러므로 저는 주님의 뜻 가운데 인도 받고 싶습니다."라는 고백을 많이 해야 합니다.

하나님의 말씀에 따른 고백을 많이 할 때, 우리의 바탕이 기경됩니다. 우리가 다른 사람을 양육할 때도 마찬가지입니다. 그가 인도를 잘 받지 못하는 이유를 발견하고, 그 문제에 대해 가르치고 고백시킴으로써 바탕이 마련되도록 도와주어야 합니다. 성령 인도를 포함한 신앙생활의 모든 근원은 결국 우리의 심령 바탕에 있는 것입니다.

주님은 작은 일도 인도하기 원하신다

넷째, 우리는 인생의 중요한 일부터 아주 사소한 일까지, 모든 일에 주님의 음성을 들을 수 있습니다. 무엇이든 내가 관심 있는 문제에 대해서는 다 성령 인도를 받을 수 있다는 뜻입니다.

우리는 무언가 영적이고 중대한 일에만 성령 인도를 받아야 한다는 개념을 가지는 경향이 있습니다. 그러나 우리 안에 계신 성령님께서는 우리의 영적 수준에 눈높이를 맞추어, 우리가 관심 있는 것에 똑같이 관심을 가지십니다. 그러므로 우리가 정말로 그 문제를 해결하고 인도받고 싶다는 열망과 갈급함을 가진다면, 성령님께서는 거기에 반드시 응답하십니다. 결혼, 직장, 사역 등의 문제는 물론이거니와 아주 사소한 일일지라도, 성령님은 우리의 모든 관심사에 대해서 각자의 수준에 맞게 가장 좋은 길로 인도하기를 원하십니다.

요 14:26
보혜사 곧 아버지께서 내 이름으로 보내실 성령 그가 너희에게 모든 것을 가르치고 내가 너희에게 말한 모든 것을 생각나게 하리라

요 16:13
그러나 진리의 성령이 오시면 그가 너희를 모든 진리 가운데

로 인도하시리니 그가 스스로 말하지 않고 오직 들은 것을 말하며 장래 일을 너희에게 알리시리라

성령께서는 우리를 진리 가운데로 인도하시고, 진리가 무엇인지 깨닫게 하실 뿐 아니라, 실제로 진리대로 살아갈 수 있도록 인도하십니다. 또한 무엇이든 우리가 알기 원하는 장래 일에 대해서도 알려주시며, '모든 것'을 가르치신다고 성경은 말합니다.

저는 이 말씀을 확신합니다. 사역이든 개인적인 삶이든, 제 영이 알기 원하는 것에 대해 성령님께서 반드시 알려 주신다는 것을 믿고, 실제로도 그런 삶을 살고 있습니다. 뿐만 아니라 예기치 않은 사건이나 방문객에 대해서도 언제나 미리 알려주시고 어떻게 대처해야 할지도 알려 주십니다. 물론 그 메시지를 받는 당시에는 정확히 어떤 말씀을 하시는 것인지 잘 모를 때도 있습니다. 그러나 그 상황에 맞닥뜨리면 하나님께서 미리 주신 메시지가 떠오르면서 깨닫게 됩니다.

아주 사소한 일도 마찬가지입니다. 교회를 막 개척했던 시절, 성도 중에 항상 제 옷을 사 주시는 집사님이 계셨습니다. 그분과 제가 사이즈가 같았기 때문에, 동대문 시장이나 상설 매장 같은 곳에 함께 가서 마음에 드는 옷을 골라 사곤 했습니다. 그런데 주로 저렴한 옷을 찾다 보니, 쇼핑을 하러 나가도 마음에 드는 옷이 없을 때도 있고, 또 어떤 때는 옷이 마음에 들어도 사이즈가 없을 때도 있었습니다.

그래서 집사님께서 시장에 가자고 전화를 주실 때면, 저는 제 심령을 들여다보고 인도를 받았습니다. 어떤 때는 오늘은 안 가야 될 것 같다 싶을 때도 있고, 또 어떤 때는 오늘은 가도 좋겠다 싶을 때도 있었습니다. 가도 좋을 것 같아서 간 때는 영락없이 두 사람 다 마음에 드는 옷을 골라서 왔습니다. 그런데 안 가는 것이 좋을 것 같아서 저는 가지 않고, 집사님 혼자 가시는 경우에는 빈손으로 돌아오시곤 했습니다. 그래서 나중에는 그 집사님께서도 눈치를 채시고 제가 가지 말자고 할 때는 혼자서도 가지 않으시게 되었습니다.

이것은 우리 모두를 위해 성경에서 약속된 것입니다. 성령님은 우리와 동행하기 위해서 우리 안에 와 계십니다. 그분은 우리의 아버지로서, 거룩하고 영적인 것뿐만 아니라 우리가 일상에서 마주하는 모든 문제에 관심을 가지십니다.

작은 것에서부터 훈련하기 시작하십시오. 성령님은 우리가 궁금한 것이라면 반드시 알려주십니다. 오히려 실수해도 크게 상관없는 작은 일부터 연습하고 감을 익혀갈 때, 큰일에서도 잘 인도받을 수 있습니다.

신 1:33
그는 너희보다 먼저 그 길을 가시며 장막 칠 곳을 찾으시고 밤에는 불로, 낮에는 구름으로 너희가 갈 길을 지시하신 자이시니라 이스라엘 민족에게는 성령님이 내주하지 않았음에도 불구하고, 하나님께서는 불기둥과 구름기둥을 통하여 항상 그들을 인도하셨습니다. 율법 안에 그들이 해야 할 일과 하지 말아야 할 일들이 명시되어 있었지만, 율법에 기록되지 않은 그들의 삶의 행보에 대해서도 하나님께서는 신실하게 인도하셨던 것입니다. 이것은 바로 오실 성령에 대한 예표이며, 거듭나서 하나님의 자녀가 된 우리에게는 그 성령께서 이미 임하여 계십니다.

성령의 음성은 우리 안에서부터 온다

다섯째, 성령의 음성은 밖으로부터 받는 것이 아니라, 우리 안의 성령님으로부터 오는 것임을 명심해야 합니다. 영의 음성은 내 안에서부터 오는 것입니다. 더불어 상황에 대한 해석도 항상 우리 안에서부터 비롯되어야 합니다. 그러므로 우리는 바깥의 환경으로부터 보이고 들리는 것들을 그대로 받아들이기를 거절하고, 그것에 의해 좌우되어서는 안 됩니다.

우리는 "새로운 피조물의 실재에 대한 계시"와 철저하게 일치되어야 합니다. 나는 하나님의 생명으로 거듭났고, 내 안에는 살아계신 성령님이 있다는 계시가 우리의 일상생활에 온전히 적용되어야 합니다. 정확한 계시가 바탕이 되어야 능력이 나타날 수 있습니다.

그런데 많은 그리스도인들이 바깥 환경에 눈을 돌리곤 합니다. 그렇게 되는 이유는 새 피조물의 계시가 없이 구약에서 성령 인도의 모델을 찾기 때문입니다. 구약의 선지자들은 "기드온의 양털"(삿 6:37)과 같이 바깥의 환경이나 징조를 보고 하나님의 인도를 받는 경우가 많았습니다. 그러나 그것은 그들에게 성령이 없었기 때문입니다.

'제비를 뽑는 것' 또한 구약식의 방법입니다. 구약에서는 제비 뽑는 것이 여호와에게 속한 것이라고 말씀합니다. 사도행전 1장에서도 유다가 죽은 후 다른 제자를 세울 때 제비를 뽑는 장면을 볼 수 있습니다. 그러나 당시는 아직 성령님께서 강림(2장)하시기 전의 일입니다. 그래서 제비 뽑는 과정에 하나님께서 역사하심으로써 맛디아가 선발된 것입니다. 그러나 그 이후에는 신약 성경 어디에서도 제비뽑기로 어떤 일을 결정하는 장면이 나오지 않습니다.

이제 우리는 우리 안에 거하시는 성령님으로 말미암아 우리의 영을 통해서 인도를 받습니다. 우리에게 외부 요소들은 참고 자료에 지나지 않습니다. 이 개념을 정확히 하지 않으면, 상황에 따라 잘못된 인도를 받기 쉽습니다.

솔직히 초신자 시절에 "하나님, 상황이 이러이러하게 되면 하나님의 뜻인 줄 알겠습니다."라고 인도받으려 했던 경험이 다들 있으실 것입니다. 그때는 영적으로 너무 어리기 때문에 하나님께서 그 수준에 맞게 응답하셨을 수도 있습니다. 그러나 그것이 올바른 방법이거나 장기적으로 효력을 발휘하는 방법은 아님을 기억하셔야 합니다. 영적으로 성장한 우리는 더 이상 그런 방법들로 돌아가서는 안 됩니다.

더 정확히 말하면, 그런 인도는 너무나 위험한 방법입니다. 이 땅의 것을 통해서는 사탄이 얼마든지 역사할 수 있습니다. 사탄은 믿음으로 나아가는 그리스도인에게는 무장해제 된 적이지만, 또한 여전히 살아서 기회만 있으면 그리스도인들을 속이려고 애쓰고 있습니다. 사탄은 세상의 믿지 않는 자들의 신으로서 얼마든지 세상적인 것들을 건드릴 수 있고, 심지어 사람의 마음을 통해서도 역사할 수 있습니다. 우리의 생각은 아직 말씀으로 완전하게 변화되지 못한 부분이 있기 때문에, 그러한 견고한 진을 통해서 잘못된 충동을 일으킬 수도 있는 것입니다.

예를 들어 "하나님, 오늘 아무개 권사님이 새벽기도를 나오시면, 이 일이 하나님 뜻인 줄 알겠습니다."라고 기도했는데, 그분이 갑자기 몸이 아파서 기도회에 나오지 못했다고 생각해 보십시오. 그렇다면 하나님께서 그 권사님에게 병을 주어서 나오지 못하게 하신 것일까요? 그렇지 않습니다! 이런 식으로 다른 사람이나 환경을 따라 인도 받으려고 하는 것은 위험한 일입니다.

예언도 마찬가지입니다. 예언을 주시는 분은 물론 하나님이시지만, 반드시 분별되어야 합니다. 성령 인도와 마찬가지로 예언도 예언하는 사람의 믿음과 계시 수준에서 이루어질 수밖에 없습니다. 율법적인 사람은 율법적인 예언을 합니다. 하나님께서 그에게 주신 메시지는 복음적이라 할지라도, 그 사람은 자신의 생각을 거쳐 율법적으로 해석하여 말하게 됩니다. 예언이란 자신의 영에 비추어진 것을 자신의 언어로 표현하는 것이기 때문입니다. 받은 메시지가 그 사람이 평소 가졌던 계시와 다르다면, 그 사람은 그것을 이해할 수도 제대로 전달할 수도 없습니다.

새로운 피조물의 실재에 대한 계시 가운데 꾸준히 성장한다면 결국에는 온전한 예언을 할 수 있습니다. 그러나 대다수 사람들은 하나님께서 주신 예언을 전달하고 해석하는데 아직 불완전하기 때문에 모든 예언은 분별되어야 하며, 특히 인생의 진로나 중요한 결정에 있어서는 더욱 신중해야 합니다. 한 마디의 예언에 인생의 중대한 결정을 맡기는 것은 너무나 위험한 일입니다. 예언을 들었다면, 그와 함께 내 심령 가운데 일어나는 하나님의 역사를 감지해야만 합니다. 예언을 듣고 나서 심령에도 확신이 생기고 확정이 된다면 인도를 잘 받은 것이라 할 수 있습니다.

항상 기억해야 할 것은 성령의 인도는 바깥이 아니라, 안으로부터 온다는 것입니다. 바깥으로부터 오는 모든 것은 단지 참고할 정보일 뿐, 어떤 선택의 결정적인 기준이나 근거로 여겨서는 안 됩니다.

결정은 나에게 달려 있다

여섯째, 성령님의 인도는 하나님의 신호 sign를 보고 내가 결정하는 것입니다. 성령의 음성을 듣는다는 것은 막연히 어떤 지시가 내려올 때까지 앉아만 있는 것이 아닙니다. 성령님의 음성이나 감동이 있었다면, 스스로 그것을 취하여 결정을 내리고 행동을 해야 합니다. 하나님께서 알아서 다 인도하시는 것이 아니라, 내가 듣고 내가 분별하고 내가 순종하여 나아가는 것입니다. 다시 말하지만 우리 인생의 운전대를 잡고 있는 것은 우리 자신입니다. 우리는 하나님의 지시를 받아 어떤 방향으로든 움직여 가야 합니다.

> 행 16:6-10
> 성령이 아시아에서 말씀을 전하지 못하게 하시거늘 그들이 브루기아와 갈라디아 땅으로 다녀가 무시아 앞에 이르러 비두니아로 가고자 애쓰되 예수의 영이 허락하지 아니하시는지라 무시아를 지나 드로아로 내려갔는데 밤에 환상이 바울에게 보이니 마게도냐 사람 하나가 서서 그에게 청하여 이르되 마게도냐로 건너와서 우리를 도우라 하거늘 바울이 그 환상을 보았을 때 우리가 곧 마게도냐로 떠나기를 힘쓰니 이는 하나님이 저 사람들에게 복음을 전하라고 우리를 부르신 줄로 인정함이러라

사도 바울은 본래 아시아 쪽으로 가려는 마음이 있었지만 성령께서 허락지 아니하셨고, 또 다른 지역으로 가려고 해도 계속해서 성령이 막으셨습니다. 그래서 이제 어디로 가야할지 찾고 있을 때, 그는 마게도냐 사람이 이리 와서 우리를 도와 달라고 말하는 환상을 보게 됩니다. 그러자 바울과 그 일행은 '하나님이 저 사람들에게 복음을 전하라고 자신을 부르신 것을 인정'하고 마게도냐로 떠나게 되었습니다. 결국 환상 자체 보다는 환상을 어떻게 받아들이느냐가 그들의 행방을 인도한 것입니다.

  바울이 환상을 보고도 계속 앉아서 마게도냐로 들어가는 길이 열리기를 막연히 기다렸다면 아무 일도 일어나지 않았을 것입니다. 그들은 환상을 보았고, 그런 다음 '하나님께서 마게도냐 지방으로 가라고 하시는구나.'라고 결정하여 움직였습니다. 때가 되면 성령님의 신호를 보고 내가 결정을 해야 합니다. 여기에서 기억해야 할 것은 성령의 음성은 바깥이 아니라 **안에서부터** 온다는 것입니다. 바깥의 돌아가는 상황이나 정황을 종합하여 결정을 내리는 것이 아니라, 음성을 듣는 것도 그것을 해석하는 것도 모두 우리 심령 안에서부터 이루어져야 합니다.

  저희가 개척을 하게 되었을 때의 일입니다. 개척을 하기 몇 개월 전에, 당시 부목사로 재직하던 교회에서 철야 기도를 하는 중이었습니다. 그런데 같이 기도하시던 한 권사님께서 우리 목사님에 대한 환상을 보셨다고 말씀을 하셨습니다. 내용인즉 어떤 움막 같은 곳에 목사님이 편한 옷을 대충 입고 아픈 사람처럼 힘이 하나도 없이 누워 있었다는 것입니다. 그리고 밖에는 사람들이 울부짖는 소리가 들렸다고 하셨습니다. 말씀하시는 권사님도 조심스러워 하시고 제가 들어도 그렇게 좋은 내용처럼 들리지는 않았습니다. 그래서 저는 그 환상을 바르게 해석하기 위해서 심령의 안테나를 세우고 있었습니다.

　당시에 저희는 개척을 할 생각은 없었지만, 그 교회를 떠날 때가 되었다는 신호가 있어 다른 곳으로 옮기기 위해 준비하고 있었고, 마침내 담임 목사님의 허락도 받은 상태였습니다. 그래서 모든 것을 정리하고 새로운 곳으로 옮기기 위해 준비를 마쳤는데, 마지막 순간에 저희 부부가 동일하게 지금 이 교회로 옮겨서는 안 되고 개척을 해야 한다는 신호를 받게 되었습니다. 그러나 상황적으로는 개척을 위한 준비가 전혀 되어 있지 않았고, 오히려 다른 교회로 옮기는 것은 모두 준비가 되어 있었습니다.

　그래서 우리 목사님은 3일만 금식하겠다고 삼각산 기도원에 올라가셨는데, 올라가시는 길에 갑자기 장기 금식을 작정하고 40일 금식을 하시게 되었습니다. 그러던 중 어느 날 저는 집에서 설거지를 하고 있었는데, 별안간 제 심령에서 권사님께서 보셨던 환상이 해석되었습니다. 경험해 보신 분은 아시겠지만, 심령 안에서 일어나는 해석은 흔적으로 계산해서 이럴 것 같다고 결론을 내리는 것과는 다릅니다. 심령으로부터 해석이 일어나면 더 이상 의심의 여지가 없이 백퍼센트 알게 됩니다.

그렇게 계시가 오고 나니, 환상에서 본 모습이 우리 목사님이 40일 금식하는 모습이라는 것을 알게 되었습니다. 나중에 28일째 되었을 때 올라가 보니, 기도원 천막에 목사님이 누워있는 모습이나 밖에서 기도하는 사람들의 음성이나 그 권사님께서 보시고 알려 주신 그림과 정확하게 일치하는 것을 발견할 수 있었습니다.

우리는 일반적으로 좋지 않은 환상을 보게 되면 먼저 두려움이 들고 염려를 하게 됩니다. 그러나 그것을 정확하게 해석하기 전까지는 미리 염려할 필요가 없습니다. 그리고 그것이 실제로 부정적인 의미였다 하더라도 성령께서 미리 보여주시는 이유는 그 일을 일으키시겠다는 것이 아니라, 미리 알고 예방하라는 의미입니다.

우리 안에는 창조의 영이 있습니다. 하나님께서 믿음으로 레마 말씀을 선포하심으로써 이 세상을 창조하셨듯이, 우리에게도 동일한 창조의 능력이 있기 때문에 우리는 우리의 선언으로 말미암아 부정적인 상황을 얼마든지 변화시킬 수 있습니다. 이러한 면에서, 우리가 성령의 인도를 제대로 받기 위해서는 하나님의 성품을 잘 아는 것이 중요합니다.

다른 사람에 대해 부정적인 것을 보았을 때도 마찬가지입니다. 그것은 그를 위해서 중보하라고 보여주시는 것입니다. 당사자에게 알릴 때에는 그전에 반드시 하나님께 확인하고, 말하라는 신호를 받았을 때만 알려 주어야 합니다. 그렇지 않다면 그냥 혼자 기도하면서 중보해 주면 됩니다. 그리고 당사자에게 내용을 전할 때도 본 대로만 정확하게 전달하여서, 스스로 인도받고 해석할 수 있도록 해야 합니다. 개인적인 느낌이나 의견은 덧붙이지 마십시오.

끝까지 세밀하게 인도받으라

일곱째. 내용과 시기와 방법 모두 온전한 인도를 받아야 합니다. 특별히 한국 사람들은 성미가 급하다 보니 무엇이든 빨리빨리 해결되기를 바라고, 성령의 인도를 받을 때도 서두르곤 합니다. 그러나 조급함은 성령 인도를 방해하는 큰 요소입니다. 제가 레마 성경 훈련소를 졸업할 때, 케네스 E. 해긴 목사님께서 이런 말씀을 하셨습니다. "당신이 지금 뛰어야 할 때라고 생각한다면, 걸어가십시오. 당신이 지금 걸어야 할 때라고 생각한다면, 기어가십시오." 그만큼 사람들이 급하게 앞서가는 경향이 있다는 것입니다. 성령님을 앞서기 보다는 그분 뒤에서 한걸음 느리게 따라가는 태도를 갖는 것이 좋습니다. 우리가 어떤 것에 대해 음성을 들었다면, 이제 그 다음에는 어떻게 할지, 또 언제 그것을 할지 차근차근 인도를 받아야 합니다. 인도를 받았음에도 불구하고 아무 행동도 하지 않는 것도 문제이지만, 한 번 음성을 들었다고 해서 자기 식대로 마음대로 앞서간다면 온전치 못한 결과를 보게 될 것입니다.

미리 짐작하지 말고 성령의 음성에 끝까지 주의하며 따라가십시오. 우리는 항상 결과를 먼저 알고 싶어 합니다. 그래서 이쪽으로 가라고 하시는 것 같으면, 벌써 도착지가 어디인지까지 혼자 짐작하고 나아가 버립니다. 그러나 실제로는 그길로 가다가 중간에 다른 방향으로 꺾어질 수도 있습니다. 그러므로 끝까지 주의해서 성령의 인도를 따라가야 합니다.

특히 중요한 일일수록 여유를 가지고 확실한 응답을 받을 때까지 기다려야 합니다. 그리고 감사하게도, 중요한 일일수록 하나님께서는 분명한 메시지를 주십니다. 나에게 중요한 일은 내 안에 계신 성령님께도 중요한 일이기 때문입니다. 그런 일에 대해서 성령님께서 애매한 답을 주실 리가 없습니다. 어느 정도 기도했음에도 불구하고 긴가민가하다면 아직 제대로 응답을 받지 못한 것입니다. 중요한 일일수록 여유를 가지고 끝까지 기다리면서 구하십시오. 반드시 성령의 인도를 받고 움직이기로 작정하십시오. 더 중요한 일에 대해서는 더 분명한 확신을 주실 것입니다.

응답 기한과 방법을 임의로 정하지 말라

여덟째, 응답의 기한이나 방법을 임의로 정하지 마십시오. 어떤 문제에 대해서 하나님의 음성을 듣기 원할 때, 우리는 평소보다 더 충만한 상태를 유지하려고 노력하면서 하나님께 귀를 기울이게 됩니다. 마치 아기 엄마가 주방에서 설거지를 하면서도 방에서 자는 아기의 소리에 귀를 기울이고 있어서, 아기가 조금만 울어도 그 소리를 금방 듣는 것처럼 말입니다.

이때 며칠이나 몇 주 기간을 정하여서, 불필요한 일은 절제하고 때로는 금식을 하기도 하면서 집중 기도를 하는데 이는 좋은 방법입니다. 우리가 평소보다 더 하나님의 음성을 잘 들을 수 있는 상태로 스스로를 조성하는데 시간이 필요하기 때문이기도 하고, 또 반대로 기한을 정하지 않고 막연하게 기도하다 보면 어느새 집중도가 떨어지고 결국 환경을 따라 문제를 흐지부지 흘려보내게 되기 때문입니다.

그런데 내가 정한 기한이 지났는데도 확실한 응답을 받지 못하는 경우가 있습니다. 이럴 때 곧장 인도받기를 멈추고 내 식대로 결정해버리는 우를 범해서는 안 됩니다. 하나님은 항상 가장 좋은 시기에 가장 좋은 길로 인도하십니다. 내가 인도를 구한 문제에 대해 하나님께서 반드시 정확한 응답을 주실 것을 믿고, 확실한 인도가 있기까지 하나님께 집중하고 기다릴 줄도 알아야 합니다.

응답 방법도 마찬가지입니다. 하나님께서는 다양한 통로를 통해서 우리에게 말씀하십니다. 그것은 예배 시간의 강단 메시지일 수도 있고, 영적 직감일 수도 있으며, 영적인 꿈을 통해서일 수도 있습니다. 심지어 어떤 사람과의 대화 가운데 하나님께서 주시는 메시지를 붙잡게 되는 경우도 있습니다.

그러므로 특정한 방법을 정해 놓고 응답을 구해서는 안 됩니다. 어떤 분은 하나님께 꼭 환상으로 확증해 달라고 구합니다. 우리가 영적으로 어릴 때는 이러한 요구에 응답해 주시기도 하지만, 궁극적으로 하나님께서는 우리가 더 많은 통로들을 개발하여 그분과 보다 자유롭게 소통하게 되기를 바라십니다.

믿음으로 취하라

아홉째, 결정한 후에는 믿음으로 나아가야 합니다. 성령의 인도를 받았다고 해서 항상 형통한 일만 있는 것은 아닙니다. 어려움이 생길 수도 있습니다. 그러나 성령의 인도 가운데 생긴 일이라면 그것은 쓸데없는 고통이나 시간낭비가 아니라 우리가 더 온전해지기 위하여 필요한 훈련입니다. 그러므로 일단 결정한 후에는 하나님의 인도를 믿고 어떤 상황 가운데에서도 믿음으로 돌파해 나가야 합니다.

사람들은 강한 음성을 듣기 원합니다. 그러나 무턱대고 강한 것만을 추구할 일은 아닙니다. 하나님은 항상 우리 각자에게 가장 적합한 메시지를 가장 적합한 방법을 통해 주시는데, 성경을 보면 강한 음성을 받은 사람들이 정말 커다란 과업을 맡는 경우들을 볼 수 있습니다.

사도 바울은 누구보다 강하게 하나님의 음성을 들은 사람이었습니다. 그런 그의 삶을 생각해 보십시오. 참으로 수많은 어려움과 핍박을 통과하며 엄청난 사역을 감당했습니다. 그러나 그는 처음의 부르심이 너무나 강했기 때문에, 그 모든 상황 속에서도 포기하지 않고 믿음을 지킬 수 있었습니다. 하나님께서 자기에게 이 일을 시키셨다는 것이 너무나 분명했기 때문입니다. 그러므로 우리는 강한 음성을 기대하기보다 각자에게 알맞은 방법으로 인도하시는 성령님을 신뢰하고 감사함으로 순종해야 할 것입니다.

제 3 장

성령께서 우리를 인도하시는 방법

거듭난 영과 성령을 통한 인도

구약을 보면 이스라엘 백성들이 하나님의 뜻을 아는 통로로 '율법'과 '불기둥·구름기둥'이 있었음을 알 수 있습니다. 우선 율법에는 이스라엘 백성들이 지켜야할 행동 지침들이 명시되어 있어, 기본적인 방향을 알 수 있었습니다. 그러나 율법에 없는 구체적인 문제, 즉 언제 행진하고 또 언제까지 머물러야 하는지에 대해서는 불기둥·구름기둥으로 초자연적인 인도를 받아야 했습니다.

하나님께서는 우리를 '우리의 영'과 '성령'이라는 두 가지 통로를 통해 인도하십니다. 먼저, 우리의 영을 통한 인도란 거듭난 영의 양심을 통한 인도라 할 수 있습니다. 우리의 거듭난 영은 하나님의 뜻의 기본 방향을 알고 있기 때문에, 어떤 일에 대해서 영 가운데 맞는지 틀린지를 어느 정도 감지할 수가 있습니다. 두 번째, 성령을 통한 인도는 구약의 불기둥·구름기둥과 같은 것으로, 나의 영이 성령의 도우심을 통해 초자연적인 일을 아는 것입니다.

거듭난 그리스도인들에게는 모두 새로운 본성이 주어졌기 때문에 자신의 영을 강퍅하게 만들지 않는 한, 방언기도를 함으로써 영을 활성화시키지 않은 사람이라 하더라도 자기 영(양심)을 통해 율법으로 인도받는 것이 가능합니다. 이를테면 잘못된 일을 할 때의 영적인 거리낌 같은 것을 통해서 인도받을 수 있다는 것입니다. 그러나 영을 풀어내고 성령의 인도를 받는 훈련이 되지 않는다면, 성령님으로부터 특별한 영감과 아이디어를 얻는다거나, 장래 일을 인도받는다거나 하는 초자연적인 것들을 체험하기는 어렵습니다.

그러므로 우리는 이 두 가지 통로 모두를 통하여 인도받으며 살아야 합니다. 기본적으로 심령을 깨끗하게 유지함으로써 우리 영의 양심의 소리에 예민하게 반응할 뿐 아니라, 영을 활성화시키고 성령님과의 교통을 발달시킴으로써 더 높은 차원의 인도하심을 누리며 살아야 합니다.

이번 장에서는 이 중 **성령께서 우리와 교통하시는 다양한 방법**에 대해서 보다 구체적으로 살펴보겠습니다.

말씀

우리가 성령 인도를 받는 데 가장 우선되어져야 할 것은 바로 기록된 말씀과 강단 메시지입니다.

> 시 138:2
> 내가 주의 성전을 향하여 예배하며 주의 인자하심과 성실하심으로 말미암아 주의 이름에 감사하오리니 이는 주께서 주의 말씀을 주의 모든 이름보다 높게 하셨음이라

기록된 말씀에 이미 나와 있는 것에 대해서는 더 이상 기도해 볼 필요가 없습니다. 우리가 아무리 간절히 바란다고 하더라도, 하나님은 말씀에 위배되는 응답을 해주실 수는 없습니다. 그러므로 우리는 어떤 상황에서나 항상 하나님의 말씀을 최우선에 두어야 합니다.

강단 메시지도 중요합니다. 하나님은 각 교회의 목자들에게 영감을 주셔서 성도들에게 필요한 말씀을 정확하게 준비하십니다. 그러므로 성도들은 모든 예배, 특히 주일 예배를 드리러 갈 때마다 오늘 하나님께서 나에게 어떤 말씀을 주실지 기대해야 합니다. 심령으로 접근하고 기대하는 것입니다.

저도 늘 교회 안에서 하나님께서 일하시는 것을 보면서 놀랄 때가 많습니다. 저는 우리 교회에서 '양육반'이라는 교육 과정을

맡아서, 일 년에 두 번 정도 12주간의 교육 과정을 따라 가르치고 있습니다. 그런데 서로 미리 이야기한 것도 아닌데 제가 주일 예배 전 교육 시간에 정해진 내용 외에 감동에 따라 전한 메시지가, 목사님께서 대예배에서 전하시는 메시지와 겹치는 경우가 굉장히 많습니다. 그럴 때 감이 있는 성도들은 그것이 지금 하나님께서 우리 교회에 주시는 메시지라는 것을 빨리 알아차립니다.

다시 말하지만, 항상 영으로 접근해야 합니다. 성령의 인도는 우리의 심령으로부터 오는 것입니다. 내가 어떤 고민이 있을 때 목사님께서 바로 그 이야기를 다루셔서 응답을 주시는 경우도 있습니다. 그러나 더 정확한 것은 영의 감동입니다. 전혀 상관이 없는 이야기 같더라도, 목사님께서 언급하신 어떤 말씀이 내 영을 건드리고 남다르게 다가온다면 그것이 바로 하나님께서 주시는 응답입니다. 그러한 감각이 영으로 구별되어야 하기 때문에, 우리는 예배를 드릴 때 항상 우리의 심령을 열어 두어야 합니다. 이는 단지 머리로 이해하고 따져보아서 납득하는 것과는 다릅니다.

말씀을 들을 때 내 심령 안에서 어떤 소원이 일어나는지를 인식하십시오. 우리의 영이 얼마나 정확한지, 우리 권사님 중에 복음 사업가로 부르심을 받으신 어떤 분은 하나님 왕국의 재정에 대한 설교만 들으면 은혜를 받고 심령이 뜨거워진다고 말씀하십니다. 그것이 바로 성령께서 지금 나에게 주시는 메시지입니다. 내가 그것을 붙잡게 하기 위해서 성령께서 나의 심령 안에서 역사하시는 것입니다.

  하나님은 이와 같이 기록된 말씀과 강단에서 선포되는 말씀에 순종하고 행하는 사람에게만 더 높은 차원의 말씀을 하실 수 있습니다. 눈에 보이는 성경 말씀에도 순종하지 않는데, 하나님께서 그 사람을 더 높은 차원으로 인도하실 리가 없고, 또 말씀하신다고 해도 그가 그것을 알아듣고 순종할 것이라고 기대할 수는 없습니다.

내적 직감

  내적 직감은 우리가 성령 인도를 받기 위해 가장 발전시켜야 하는 통로입니다. **이것은 하나님께서 모든 사람을 가장 우선적으로 인도하시는 방법입니다.**

  사실 저는 이성적이고 논리적인 성향이 강하여서 저의 영적인 감각이나 느낌을 신뢰할 수 없다고 여겼기 때문에, 초신자 때부터 환상으로 인도받는 통로를 개발하게 되었습니다. 심지어 말씀에서 약속된 것도 성령님께서 환상으로 확인을 시켜 주셔야 안심할 정도였습니다. 하지만 이제 돌이켜 보면 제가 참 미련했음을 깨닫게 됩니다. 성경에 적혀 있는 말을 환상으로 확인해야만 믿는 사람은 영적 어린 아이와 같습니다. 하나님께서 이미 약속하신 것을 다시 보여 달라고 구하느라 제가 얼마나 많은 시간과 노력을 낭비했는지 모릅니다.

그러나 그런 저도 인생에서 정말 중요한 문제들은 항상 내적 직감을 통해 인도를 받았습니다. 우리 목사님과 제가 교회를 개척해야 한다는 것을 알게 된 것도 내적 직감을 통해서였습니다. 이것은 케네스 해긴 목사님이나 데이브 로버슨 목사님 같은 영적 거장들께서도 공통적으로 말씀하시는 바입니다. 우리가 선지자나 예언자일지라도, 그래서 온갖 환상과 음성을 들을지라도, 하나님께서 우리를 인도하시는 가장 첫 번째 방법은 내적 직감이라는 것입니다.

케네스 해긴 목사님도 레마 성경 훈련소 부지를 내적 직감을 통해 인도받으셨다고 합니다. 땅을 보았을 때 여기에 건축해야겠다는 영적 직감이 있었다는 것입니다. 수많은 환상을 보고 음성을 듣고 심지어 예수님을 만나기까지 하신 그분도, 정말 중요한 일에 대해서는 항상 내적 직감으로 인도받으셨다고 하셨습니다. 심지어 사모님을 처음 보았을 때도 장차 배우자가 될 것을 내적으로 알아 보셨다고 합니다.

행 27:9-10
여러 날이 걸려 금식하는 절기가 이미 지났으므로 항해하기가 위태한지라 바울이 그들을 권하여 말하되 여러분이여 **내가 보니** 이번 항해가 하물과 배만 아니라 우리 생명에도 타격과 많은 손해를 끼치리라 하되 위의 구절은 사도 바울이 내적 직감을 통해 인도받는 장면입니다. '내가 보니'라는 부분을 킹제임스 영어성경에서는 "I perceive"라고 표현하는데, 이는 "감지하다, 인식하다, 알아차리다"라는 뜻입니다.

내적 직감을 훈련하는 것은 어려운 일이 아닙니다. 맞는지 아닌지, 즉 빨간불인지 파란불인지만 분별하면 됩니다. 그러기 위해서는 가장 먼저 심령의 평안을 유지해야 합니다. 걱정이 많은 사람은 마음이 혼란스러워서 이것이 내 영에서 오는 신호인지 아닌지 구별할 수가 없습니다.

내적 직감은 정황과 인과 관계를 따져서 떠오른 생각과는 다릅니다. 그런 생각은 혼의 영역에서 나온 것입니다. 상황이 너무 좋은데도 뭔가 꺼림칙한 마음이 드는 경우가 있습니다. 또 반대로 상황이 너무 나쁜데도 문제없다는 확신이 올 때도 있습니다. 케네스 해긴 목사님은 우리 영에 들어오는 빨간불을 마치 "양말을 신고 샤워하는 것 같은 느낌"이라고 표현했습니다. 그런 감각을 구별할 수 있도록 훈련하면 됩니다.

하나님께서는 우리가 잘못된 방향으로 갈 때 그냥 방치하지 않으십니다. 하나님은 우리에게 항상 말씀하십니다. 그러므로 언제든지 기도하고 영을 들여다본다면 바른 인도를 받을 수 있습니다. 인식하면 인식할수록, 하나님의 방향은 나무가 자라는 것같이 점점 크고 분명해지게 됩니다.

우리는 내적 직감을 성령 인도의 최우선적인 방법으로 삼고 지속적으로 발전시켜야 합니다. 사람마다 차이는 있더라도, 환상은 어느 정도 집중해서 기도해야 나타나고 또 우리 마음대로 보고 싶을 때 볼 수 있는 것도 아닙니다. 또한 환상은 반드시 해석의 과정을 거쳐야 하는데, 그 과정에서 혼의 영향을 많이 받을 수 있습니다. 그러나 내적 직감은 언제 어디서나 감지할 수 있고, 하루에 몇 가지라도 계속 확인할 수 있습니다. 이유는 정확히 설명할 수 없더라도, 이것이 맞는지 아닌지를 그냥 아는 것입니다.

그러므로 **우리는 다른 무엇보다 내적 직감을 훈련하여 그것에 더 예민해져야 합니다.** 그리고 항상 심령의 평안을 유지하고, 새로운 피조물의 계시를 깊이 묵상하고 강화시킴으로써 심령의 바탕을 마련해야 합니다. 그렇게 할 때, 내적 직감으로 인도 받는 것이 점점 쉬워지고, 중요한 일들도 정확하게 인도받을 수 있을 것입니다.

계시

케네스 해긴 목사님은 성령의 인도를 받는 통로로서 내적 직감, 내적 음성, 성령님의 음성, 예언, 환상 등에 대하여 이야기하셨습니다. 그리고 데이브 로버슨 목사님은 그에 더하여 '계시'에 대해서 이야기하십니다. 하나님께서는 하나님의 말씀이나 영적인 것들에 대해 우리의 눈을 새롭게 여는데 계시를 자주 사용하십니다.

제가 최근에 받은 계시를 나누어 보겠습니다. 평소 저는 현실의 수준이 가령 100이라고 한다면 믿음을 통하여 120 정도의 결과가 나올 것을 기대하고 믿음의 여지를 두고 살아 왔습니다. 사실 많은 그리스도인 성도와 사역자들이 이런 여지를 조금도 두지 않고 살아가는 것을 보게 됩니다. 말로는 하나님의 인도를 받는다고 하지만, 자세히 보면 스스로 정확하게 계산하고 준비하여서 예상되는 결과만을 기대하는 것입니다. 하나님은 이런 상태에서는 결코 그 이상으로 역사하실 수 없습니다.

그런데 최근에, 제가 열어두고 있던 여지가 너무 적다는 것을 깨닫게 되었습니다. 믿음을 더 크게 하고 한계가 없이 하나님께 열어 두어야 하는데, 지금까지 너무 작게 제한하고 있었다는 것을 계시로 알게 되었습니다.

이런 계시가 명확하게 어떤 형태로 어떻게 오는지 설명하기는 다소 어렵습니다. 마치 캄캄하던 방에 갑자기 빛이 들어와서 모든 것을 볼 수 있게 되듯이, 어느 순간 분명하게 알게 됩니다.

우리는 실제로 영적인 영역과 자연적인 영역, 두 영역 모두 안에서 살고 있습니다. 그 안에서 우리가 해야 할 일은 하나님께서 영적인 영역에서 우리에게 주신 것들을 강화하고, 그것이 자연적인 영역에 나타나게 하여 다른 사람을 세우고 섬기는 것입니다. 그런데 때로는 우리의 생각(혼)이 그러한 과정을 제한할 수도 있습니다.

예를 들어, 성경에는 순간 이동에 대한 기록이 나와 있습니다(행 8:39). 그리고 『하늘에 속한 사람』이라는 책을 보면 저자인 윈 형제에게도 실제로 그런 일이 일어난 것을 볼 수 있습니다. 그러나 우리가 "그런 일은 성경에나 나오는 거지 우리 삶에서는 일어날 수 없어."라고 생각한다면 우리에게는 절대로 그런 일이 일어나지 않을 것입니다. 반대로 우리가 영적인 일들을 성경에 나온 그대로 믿고 실제로 일어날 것을 기대한다면, 우리의 혼은 하나님의 역사를 제한하지 않을 것이고, 삶에서 필요할 때 실제로 그러한 일들을 경험할 수 있을 것입니다.

우리가 아무리 믿는다고 말한다 해도, 우리가 실제로 믿고 있는 것 이상은 삶에서 절대로 나타나지 않습니다. 그래서 하나님께서는 아브라함에게 네가 보는 것만큼 너에게 주겠다고 말씀하셨습니다(창 13:15). 하나님은 무한하시고, 능력에 한계가 없으신 분이십니다. 그러나 아브라함에게 무조건 다 주겠다고 하지 않으시고, 네가 보는 것을 주겠다고 하셨습니다. 순전히 우리에게 달려 있는 것입니다.

때로는 계시를 통해 내가 아닌 다른 사람에 대해 말씀하시기도 합니다. 물론 사람들은 평소 다른 사람의 행동을 보면서 혼적으로 판단하고 평가하는 것을 좋아합니다. 그러나 그것과는 다르게, 다른 사람의 행보를 보면서 심령으로부터 왠지 그래서는 안 될 것 같은 마음이 들 때가 있습니다. 그래서 계시로 인도받는 것에도 기술이 필요하고, 분별하는 훈련이 요구됩니다.

지금 떠오른 감동이 내 혼의 생각인지 영적인 생각인지를 구별해야 하는 것입니다. 계시는 영에서부터 오는 것으로, 혼에서 오는 것과는 다릅니다. 단지 머릿속에 떠오르는 생각을 하나님이 주신 음성으로 여기다가 낭패를 당하는 경우를 종종 보게 됩니다. 그러므로 계시를 통한 인도 또한 작은 것부터 감각을 익히고 분별하는 훈련이 필요합니다.

환상

우리는 환상spiritual vision을 통해서도 하나님의 인도를 받을 수 있습니다. 이는 영적인 메시지를 담은 그림이나 장면을 보는 것을 말하며, 영적 환상, 트랜스trance;무아지경, 열린 환상open vision으로 나눌 수 있습니다.

영적 환상은 자연적인 영역에 머물러 있으면서, 영적인 것을 들여다보는 것입니다. 트랜스와 비슷하지만 상대적으로 덜 선명합니다.

이에 비해 **트랜스**는 영적인 영역 안에서 보는 환상입니다. 그래서 트랜스를 보는 중에는 의식이나 육체적인 감각이 없는 상태가 됩니다. 만약 기도하다가 트랜스를 보게 된다면, 마치 졸면서 꿈을 꾼 것 같이 느껴지실 것입니다. 하지만 졸았던 것이 아니라 잠시 영적인 영역으로 들어가서 환상을 보고 온 것입니다.

영적인 환상은 잠시 지나가면서 어떤 장면을 남기지만, 트랜스는 좀 더 분명한 그림이나 영상을 보게 됩니다. 우리가 흔히 '입신'이라고 말하는 것은 트랜스의 상태에 오래 머문 것이라 할 수 있습니다. 하지만 꼭 입신과 같이 오래 머물지는 않더라도, 트랜스 상태에서 본 것은 굉장히 분명하게 남아서 언제든지 다시 기억해 낼 수 있습니다.

사도행전을 보면, 베드로가 다락방에서 기도하다가 하늘에서 보자기 같은 그릇에 부정한 음식이 담겨 내려오는 환상을 보는 장면이 나옵니다(행 10장). 이것이 바로 트랜스입니다. 기도하다 졸며 꿈을 꾼 것 같이 분명한 그림을 본 것입니다.

그런데 재미있는 것은, 우리가 보는 환상에 우리의 현재 상황과 관련된 것이 많이 나온다는 것입니다. 그때 베드로는 배가 고파서 무언가를 먹으려던 참이었는데, 음식이 나오는 환상을 보았습니다. 하나님께서 영적인 영역에서 우리 영에게 말씀하신 것은 우리의 혼을 통해 나타나게 됩니다. 그러므로 우리 혼에 이미 들어 있는 정보와 재료를 통해서 말씀하시는 바를 형상화하시는 경우가 많습니다. 그래서 종종 우리의 현재 상황과 관계된 것들을 통해 표현되기도 합니다.

그리고 **열린 환상**은 우리의 의식과 육체적인 감각이 깨어 있는 상태에서 보는 환상입니다.

행 7:54-56

그들이 이 말을 듣고 마음에 찔려 그를 향하여 이를 갈거늘 스데반이 성령 충만하여 하늘을 우러러 주목하여 하나님의 영광과 및 예수께서 하나님 우편에 서신 것을 보고 말하되 보라 하늘이 열리고 인자가 하나님 우편에 서신 것을 보노라 한대

스데반은 죽음의 마지막 순간에 눈이 열려 보좌에 계신 하나님과 그 우편에 서신 예수님을 보게 되었고, 이로 인해 순교의 고난을 잘 감당할 수 있게 됩니다.

또한 해긴 목사님의 책을 보면, 그분이 두 번의 열린 환상을 통해 예수님을 만났던 경험이 나와 있습니다.

마지막으로 환상 중에는 특별히 내용 면에서 **가르치는 환상**이 있습니다. 위에서 언급된 베드로의 환상도 가르치는 환상이었습니다. 성경 구절을 보겠습니다.

행 10:9-24, 28-29, 34-35

이튿날 그들이 길을 가다가 그 성에 가까이 갔을 그 때에 베드로가 기도하려고 지붕에 올라가니 그 시각은 제 육 시더라 그가 시장하여 먹고자 하매 사람들이 준비할 때에 황홀한 중에 하늘이 열리며 한 그릇이 내려오는 것을 보니 큰 보자기 같고 네 귀를 매어 땅에 드리웠더라 그 안에는 땅에 있는 각

종 네 발 가진 짐승과 기는 것과 공중에 나는 것들이 있더라 또 소리가 있으되 베드로야 일어나 잡아 먹어라 하거늘 베드로가 이르되 주여 그럴 수 없나이다 속되고 깨끗하지 아니한 것을 내가 결코 먹지 아니하였나이다 한대 또 두 번째 소리가 있으되 하나님께서 깨끗하게 하신 것을 네가 속되다 하지 말라 하더라 이런 일이 세 번 있은 후 그 그릇이 곧 하늘로 올려져 가니라 베드로가 본 바 환상이 무슨 뜻인지 속으로 의아해 하더니 마침 고넬료가 보낸 사람들이 시몬의 집을 찾아 문 밖에 서서 불러 묻되 베드로라 하는 시몬이 여기 유숙하느냐 하거늘 베드로가 그 환상에 대하여 생각할 때에 성령께서 그에게 말씀하시되 두 사람이 너를 찾으니 일어나 내려가 의심하지 말고 함께 가라 내가 그들을 보내었느니라 하시니 베드로가 내려가 그 사람들을 보고 이르되 내가 곧 너희가 찾는 사람인데 너희가 무슨 일로 왔느냐 그들이 대답하되 백부장 고넬료는 의인이요 하나님을 경외하는 사람이라 유대 온 족속이 칭찬하더니 그가 거룩한 천사의 지시를 받아 당신을 그 집으로 청하여 말을 들으려 하느니라 한대 베드로가 불러 들여 유숙하게 하니라 이튿날 일어나 그들과 함께 갈새 욥바에서 온 어떤 형제들도 함께 가니라 이튿날 가이사랴에 들어가니 고넬료가 그의 친척과 가까운 친구들을 모아 기다리더니 … (베드로가) 이르되 유대인으로서 이방인과 교제하며 가까이 하는 것이 위법인 줄은 너희도 알거니와 하나님께서 내게 지시하사 아무도 속되다 하거나 깨끗하지 않다 하지 말라 하시기로 부름을 사양하지 아니하고 왔노라 묻노니 무슨 일로 나를 불렀느냐 … 베드로가 입을 열어 말하되 내가 참으로 하나님은 사람의 외모를 보지 아니하시고 각 나라 중 하나님을 경외하며 의를 행하는 사람은 다 받으시는 줄 깨달았도다

베드로는 유대인으로서 선민의식이 너무나 강하여 이방인에게는 복음을 전할 생각을 하지 못했습니다. 그래서 하나님께서는 환상을 통해서 베드로에게 "내가 깨끗하게 한 것을 네가 속되다 하지 말라"라고 세 번이나 말씀하셨고, 환상이 끝나자 바로 사람이 찾아와 그들과 함께 로마 백부장 고넬료의 집에 가서 이방인에게 처음 복음을 전하고 성령이 임하는 일이 일어납니다. 이 환상이 베드로의 굳은 선민의식을 깨고 그로 하여금 예수님은 이방인들을 위해서도 오셨다는 사실을 깨닫게 한 것입니다.

이러한 환상을 통한 인도에서 주의할 것은, **우리의 혼은 너무나 강력하여 스스로 그림을 만들어내기도 한다**는 점입니다. 특히 어떤 일에 집중하고 골몰하다보면 우리의 혼이 여러 그림을 만들어낼 수 있습니다. 또한 백지 상태에서 온전히 하나님의 인도를 구하지 않고, 특정 방향을 강하게 열망하는 경우에는 그 쪽으로 인도하는 듯한 그림을 스스로 만들어내기도

합니다. 저의 경우는 특별히 잘못된 환상을 본 적은 없지만, 몸이 너무 피곤할 때에는 기도하면서 언뜻언뜻 아무 의미 없는 그림들을 볼 때도 있습니다. 이것은 환상에 들어간 것이 아니라 정말 졸음이 온 것이라고 할 수 있겠지요. 이런 그림들은 분명하지도 않고 내용도 정확하지 않을뿐더러 아무런 메시지도 담고 있지 않습니다.

그러므로 혼이 만들어낸 그림과 영적 환상을 구별할 수 있어야 합니다. 사실 그렇게 어려운 일은 아닙니다. 우리가 방언으로 충분히 기도함으로써 영을 충만하게 풀어 놓고, 영 가운데 들어가서 보는 환상들은 문제가 없습니다. 또한 새로운 피조물의 실재에 대한 계시로 우리의 혼과 영이 정비되고, 항상 평강한 심령을 유지하고 있다면 잘못된 그림은 보이지 않게 됩니다.

그리고 이렇게 본 모든 환상은 사실 내용 자체보다는 올바른 해석이 더욱 중요합니다. 환상의 올바른 해석에 대해서는 이후에 "영적인 꿈"을 다루는 부분에서 자세히 나누겠습니다.

알아들을 수 있는 언어로 말씀하심

하나님께서는 우리가 평소 사용하고 알아들을 수 있는 언어(예를 들어, 모국어)로 우리의 영적 귀에 직접 말씀하시기도 합니다. 이것은 말씀을 지속적으로 먹고 고백함으로써 혼적인 영역이 많이 다루어진 사람이라면 종종 들을 수 있습니다.

　이는 주로 밤에 자다가 듣는 경우가 많습니다. 왜냐하면 낮에는 우리의 혼이 활발하게 활동하고 있어서 하나님의 말씀을 들을 틈이 적기 때문입니다. 경험적으로 보면, 잠이 너무 깊이 들었을 때보다는 잠에서 막 깨어나면서 혼이 움직이기 시작하려는 때에 주로 많이 듣게 되고, 마찬가지로 영적인 꿈도 이때 많이 보입니다. 이 부분에 대해서는 데이브 로버슨 목사님도 같은 말씀을 하셨습니다. 그분도 주로 아침에 잠에서 깨어 혼이 일어나려고 하는 순간에 음성을 자주 듣는다고 말씀하셨습니다. 성령님은 평소에도 늘 말씀하시고 싶어 하지만, 우리가 듣는 채널을 열어 놓지 않기 때문에 말하지 못하다가, 아침에 우리의 혼이 막 일어나서 '중립 기어'에 있는 틈에 주로 말씀하신다는 것입니다.

행 8:26-30
주의 사자가 빌립에게 말하여 이르되 일어나서 남쪽으로 향하여 예루살렘에서 가사로 내려가는 길까지 가라 하니 그 길은 광야라 일어나 가서 보니 에디오피아 사람 곧 에디오피아 여왕 간다게의 모든 국고를 맡은 관리인 내시가 예배하러 예루살렘에 왔다가 돌아가는데 수레를 타고 선지자 이사야의 글을 읽더라 **성령이 빌립더러 이르시되** 이 수레로 가까이 나아가라 하시거늘 빌립이 달려가서 선지자 이사야의 글 읽는 것을 듣고 말하되 읽는 것을 깨닫느냐

위의 말씀에서 빌립은 매우 강한 성령의 음성을 들었습니다. 케네스 해긴 목사님은 특별히, 우리 영을 통해 말씀하시는 세미한 "내적 음성"과 보다 권위 있는 "성령님의 음성"으로 영의 음성을 구분하십니다. 위에서 빌립이 들은 것은 "성령님의 음성"으로, 하나님께서 주로 사역적인 일을 이루고자 하실 때 말씀하시며, 보다 사실적이고 권위가 있습니다. 그러므로 이러한 음성은 반드시 듣고 순종하여 실행해야 합니다.

하나님의 음성을 듣기 위해서는 각자 음성이 오는 지점이 어디인지 아는 것이 좋습니다. 보통 하나님의 음성은 심령 깊은 곳에서부터 옵니다. 우리의 생각은 얕은 곳에서 빠르게 돌아가는 반면, 하나님이 주시는 생각들은 보다 깊은 곳에서 비롯됩니다.

영의 음성을 듣는다는 것은 결국 영적인 영역에 있던 것이 내 혼의 영역으로 전달되는 것입니다. 영적인 것을 보든지 듣든지 그것이 나의 영을 통하여 혼의 영역에 인식되고 감지될 때, 우리는 그것을 두고 '영의 음성을 들었다'라고 하는 것입니다.

데이브 로버슨 목사님은 방언 기도를 많이 할 때 그런 감각이 계발되고 발달된다고 말씀하십니다. 평소 기도할 때에도 말보다는 방언으로 기도를 시작하면서 영을 풀어 놓는다면, 나의 심령이 원하는 기도 제목을 찾아서 그에 대한 성령의 인도를 받기가 더 쉬워집니다.

예언

우리는 보통 예언이라고 하면 앞으로 일어날 일을 말하는 것만을 생각합니다. 그러나 그것은 구약적인 개념이며, 신약시대에 예언의 개념은 거듭나고 성령을 받은 그리스도인이 성령의 감동을 따라 선포하는 말을 모두 포함합니다. 예언은 크게 두 가지로 나눌 수 있는데, 선지자 직분을 받은 자로서 장래 일을 말하는 예언과 거듭난 그리스도인으로서 권면하고 세워주는 예언이 그것입니다.[2]

먼저 장래 일을 말하는 예언은 영어로 "fore-telling(앞의 일을 미리 말함)"이라고 합니다. 신약성경에서는 아가보라 하는 선지자가 앞날을 예견하여 말하는 장면이 두 번 나옵니다.

> 행 11:28-30
> 그 중에 아가보라 하는 한 사람이 일어나 성령으로 말하되 천하에 큰 흉년이 들리라 하더니 글라우디오 때에 그렇게 되니라 제자들이 각각 그 힘대로 유대에 사는 형제들에게 부조를 보내기로 작정하고 이를 실행하여 바나바와 사울의 손으로 장로들에게 보내니라

---

[2] 예언의 두 가지 측면에 대한 더 자세한 내용은 크리스 오야킬로메 저, 『예언-당신의 미래를 다스리는 능력을 이해하기』(믿음의 말씀사) 참조.

위의 구절에서는 아가보가 예언한대로 흉년이 일어난 것을 볼 수 있습니다. 또한 아가보 선지자는 바울이 예루살렘에서 결박될 것을 예언하기도 했습니다(행 21:8-14). 이러한 예언은 5중 사역 중에서 선지자prophet 직분으로 사역적인 부르심을 받은 사람만이 하는 것이 신약 성경의 모델이며, 선지자 사역은 목사님들을 지도하실 정도로 연륜 있고 영적으로 성숙하신 분들이 주로 하시게 됩니다.[3]

이런 예언 사역 모습을 보면 마치 하나님께서 옆에서 불러 주시는 것을 그대로 옮겨 말하는 것 같습니다. 하나님께서 완전한 그림을 펼쳐 놓고 그것에 대해 설명해 주시면 선지자는 그대로 대언하는 것입니다. 그래서 훨씬 분명하고 완결성이 있으며, 내용도 주로 그리스도의 교회와 이 시대, 또는 사역자를 향해 주시는 메시지가 많습니다.

반면 다른 사람을 권면하고 세워주기 위한 예언은 영어로 "forth-telling(전방으로, 밖으로 말함)"이라고 합니다.

고전 14:31
너희는 다 모든 사람으로 배우게 하고 모든 사람으로 권면을 받게 하기 위하여 하나씩 하나씩 **예언**할 수 있느니라

---

3) 선지자 직분에 대한 더 자세한 내용은 케네스 해긴 저, 『그리스도의 선물』 (믿음의 말씀사) 참조.

위의 구절에서 말하는 예언은 선지자적 예언을 뜻하는 것이 아니라, 거듭나고 성령 받은 그리스도인이 '지식의 말씀'이나 '지혜의 말씀'[4]과 같은 성령의 은사를 통해 받은 계시로 상대를 세워주는 것을 말합니다.

이런 예언은 선지자적 예언과는 달리 정확한 문장이나 언어보다는, 우리가 일반적으로 성령 인도를 받는 것과 비슷한 형태로 오게 됩니다. 그래서 본인이 받은 메시지를 상대에게 말할 때는 흔히 "하나님께서 이런 감동을 주셨습니다." 또는 "하나님께서 이렇게 말씀하시는 것 같습니다."와 같은 말과 함께 우회적으로 전달하게 됩니다. 이는 선지자적 예언에 비하면 마치 그림의 일부를 보는 듯한 계시이지만, 그리스도의 몸 안에서 서로 위로하고 덕을 세우기에는 부족함이 없습니다. 하나님께서는 오히려 우리가 일상적으로 이러한 은사를 활발히 사용함으로써 그리스도의 몸을 건강하게 세워가기를 원하십니다.

그런데 우리가 예언을 받아들일 때 꼭 유념해야 할 점이 있습니다. **모든 예언은 반드시 분별되어야 한다**는 것입니다. 특별히 앞날에 대한 예언일 경우, 상대가 아무리 성령의 감동에 따라

---

4) 고전 12장에 언급된 성령의 아홉 가지 은사 중의 일부로서, "지식의 말씀"은 '사람, 장소, 사건 등과 관련하여 자연적으로는 알 수 없는 **현재나 과거에 대한 정보**를 성령께서 초자연적으로 계시해 주시는 것', "지혜의 말씀"은 '자연적으로는 알 수 없는 **미래**의 하나님의 계획과 목적에 대해 성령께서 초자연적으로 계시해 주시는 것'을 말한다.

해준 말이라 하더라도, 그것이 내가 품고 있던 일을 확인시켜 주는 메시지이거나 또는 내 영에 어떤 감동이나 동의를 일으키는 메시지가 아니라면 큰 비중을 두지 않는 것이 좋습니다. 우리도 거듭난 영과 내주하시는 성령을 가지고 있기 때문에, 우리가 이미 인식하고 있던 것을 확인하는 수준을 넘어, 전혀 생각지도 못했던 일을 예언을 통해 인도받는 것은 매우 위험합니다. 그러나 이러한 점만 주의한다면, 예언은 하나님께서 우리를 인도하시고 우리의 소원을 확증하는데 사용하시는 훌륭한 통로가 될 것입니다.

제 4 장

영적인 꿈

하나님께서 거듭난 그리스도인을 인도하시는 최우선적이고 가장 중요한 통로는 '내적 직감'입니다. 그러나 그 외에도 하나님께서는 우리와 소통하기 위한 다양한 통로를 마련하셨습니다.

특별히 "영적인 꿈"은 초신자들에게는 다소 위험할 수 있지만, 영적으로 성숙하고 말씀으로 생각이 새로워진 성도들의 경우에는 유용한 인도 방법이 될 수 있습니다. 그러나 그 실효성에 비해 정확한 지식이 부족하여, 많은 그리스도인들이 영적인 꿈을 아예 차단하고 활용하지 못하거나 반대로 성경적인 근거 없이 잘못 접근하고 남용하는 모습을 보게 됩니다.

이에 앞으로 두 장에 걸쳐 "영적인 꿈"에 대해 자세히 다루고자 합니다.

영적인 꿈은 성숙한 성도가 인도받는 통로이다

마음(생각)이 새로워진 신자에게 꿈은 하나님과 교통하는 중요한 통로가 될 수 있습니다. 마음이 말씀으로 새로워진 성숙한 그리스도인은 매일 매일 잠을 자는 시간에도 그분의 인도를 받을 수가 있습니다.

그런데 여기에서 '마음이 새로워졌다'는 것이 중요한 전제조건입니다. **아직 영적으로 어린 초신자가 꿈으로 인도받으려고 하는 것은 매우 위험합니다. 이들에게는 영적인 꿈보다는, 먼저 영적 직감에 대해서 확실히 가르쳐야 합니다.** 말씀을 배우고 고백하면서 생각을 바꾸는 작업이 있기 이전에 꿈으로 인도받는 것을 먼저 가르친다면 영적 성장에 긍정적인 영향을 미치지 못합니다. 아무리 좋은 것이라도 대상의 수준에 따라 분별하고 때를 맞추어 지도하는 것이 어린 성도의 성장을 효과적으로 돕는 방법입니다.

남아공의 코부스 목사님은 환상은 낮에 보는 꿈이고, 꿈은 밤에 보는 환상이라고 표현했습니다. 그래서 실제로 영적인 꿈을 "나이트 비전Night Vision", 즉 밤에 보는 환상이라고도 합니다.

흔히 영적으로 신뢰할만한 꿈을 꾸기까지는 일련의 과정을 거치게 됩니다. 우리가 거듭나지 않았을 때에는 쫓기는 꿈, 높은 곳에서 떨어지는 꿈 등 무의미하고 복잡한 꿈을 꿉니다. 그러나 예수를 믿고 방언을 말하고 영적으로 충만해지면서 점차 그러한 꿈들은 정리되기 시작합니다. 저의 경우는 어느 순간 세상적인 꿈을 꾸지 않게 되었고, 그 후 얼마 동안은 꿈을 아예 꾸지 않았습니다. 그러다가 다시 꿈을 꾸기 시작했을 때는 영적인 꿈을 꾸게 되었습니다. 또 어떤 분은 영적인 꿈이 나타나기 전에 약 두 달 정도는 오히려 혼란스러운 꿈을 더 많이 꾸었다고 합니다.

때로는 일반적인 꿈 가운데 특정 부분만 하나님께서 주신 말씀인 경우도 있습니다. 양상은 조금씩 다르지만 대부분 일련의 과도기를 거친 후에 본격적으로 영적인 꿈을 꾸기 시작합니다.

다시 한 번 강조하지만, **영적인 꿈은 영적으로 성숙하고 마음이 새로워진 상태가 된 사람에게만 온전한 인도의 통로로 기능할 수 있습니다.** 그러므로 우리는 방언 기도와 고백 기도를 많이 함으로써 우리의 생각을 끊임없이 변화시키고 말씀에 일치시켜야 합니다.

영적인 꿈은 하나님께서 약속하신 것이다

간혹 꿈이나 환상, 예언 등으로 인도받는 것에 대해 미신적이라거나 신비주의라고 치부하며 부정적으로 보는 시각이 있습니다. 그러나 하나님은 영적인 꿈으로 말씀하실 것을 성경에서 약속하셨습니다. 즉 영적인 꿈을 통해 하나님의 음성을 듣는 것은 성경적인 방법입니다.

우리는 성령을 받았으므로 영적 직감을 통해 인도받을 수 있지만, 꿈이나 환상 또한 여전히 하나님께서 사용하시는 방법입니다. 세상에서 접하는 왜곡되고 악한 모형들로 인해 지레 두려움을 갖고, 하나님과 소통하는 유용한 통로를 막아버릴 필요는 없습니다. 바른 지식과 계시를 가지고 성경적으로 접근한다면 우리는 하나님께서 주기 원하시는 좋은 것들을 충분히 안전하게 누릴 수 있습니다. 물론 더 온전하게 인도받기 위해서 영적 성장과 바른 심령이 함께 구비되어야 함은 아무리 강조해도 지나치지 않습니다.

민 11:29
모세가 그에게 이르되 네가 나를 두고 시기하느냐 여호와께서 그의 영을 그의 모든 백성에게 주사 다 선지자가 되게 하시기를 원하노라

모세는 구약성경에서 최고의 계시를 받은 사람으로, 모세5경을 쓰고 하나님으로부터 구약시대의 모든 율법을 받았습니다. 그가 하나님의 명을 받아 이스라엘 백성 중에 70명의 장로를 뽑았더니, 하나님의 영이 임하여 그들이 예언을 하였습니다. 이에 진영에 남아 있던 두 사람까지 예언하는 것을 본 여호수아가 그들에게 임한 능력을 견제하며 이 일을 중지해야 한다고 하자, 모세는 위와 같이 대답합니다. 모든 백성

이 선지가가 되는 것이 모세의 마음이자, 곧 하나님의 마음이었던 것입니다.

> 욜 2:28
> 그 후에 내가 내 영을 만민에게 부어 주리니 너희 자녀들이 장래 일을 말할 것이며 Prophecy 너희 늙은이는 꿈을 꾸며 Dream 너희 젊은이는 이상을 볼 것이며 Vision

요엘서의 이 예언은 잘 아시다시피, 사도행전에서 마가의 다락방에 성령이 부어지는 순간을 예언한 것입니다. 즉 거듭나서 새로운 본성과 생명을 받은 사람에게 일어날 일들을 말한 것입니다. 그러므로 성령을 받은 그리스도인들이 위의 말씀과 같이 예언을 하고 환상을 보는 것은 너무나 당연한 일입니다.

> 행 18:9
> 밤에 주께서 환상 가운데 바울에게 말씀하시되

위의 구절에서도 밤에 주께서 바울에게 환상을 통해 말씀하셨다고 이야기하고 있는데, 사실 성경에서 밤에 본 환상이라고 이야기하는 것은 대부분 영적인 꿈이라고 할 수 있습니다. 성령으로 말미암아 온 영적인 꿈이기 때문에 일반적인 다른 꿈과 구별하여 밤의 환상 night vision이라고 말하는 것입니다.

민 12:6
너희 중에 선지자가 있으면 나 여호와가 환상으로 나를 그에게 알리기도 하고 꿈으로 그와 말하기도 하거니와

위의 구절에서 보듯이 구약 시대에는 소수의 선지자를 통해서만 계시가 임하였습니다. 그러나 이제는 우리 모두 성령을 받았기 때문에, 구약 시대의 선지자가 그랬듯이 하나님께서 우리에게 자신을 알리시고 꿈으로 말씀하시는 것이 자연스러운 일입니다.

영적인 꿈은 헌신된 사람에게 많이 나타난다

영적인 꿈은 하나님을 위해 사는 사람에게 많이 나타납니다. 즉 하는 모든 일이 하나님을 섬기는 것과 관계되어 있는 사람, 항상 하나님과 하나님의 나라에 대해서 생각하는 사람에게 많이 나타난다는 것입니다.

같은 사람이라도 혼적인 모드에 있을 때가 있고, 영적인 모드에 있을 때가 있습니다. 이 중 영적인 모드에 있을 때 하나님의 인도를 더 잘 받는 것이 당연할 것입니다. 그러므로 항상 영적으로 깨어 있고 하나님의 일을 생각하는 사람에게는 영적인 꿈이 더 많이 나타납니다.

또한 영적인 꿈을 전달하는 것은 계시를 담당한 천사의 사역입니다. 천사와 우리 그리스도인들의 공통 사역은 바로 하나님

을 섬기는 일이기 때문에, 당연히 **하나님을 많이 섬기는 사람에게 영적인 꿈이 많이 전달됩니다.**

사 26:9
밤에 내 영혼이 주를 사모하였사온즉 내 중심이 주를 간절히 구하오리니

또한 영적인 꿈은 주님을 사모하고 구하는 자에게 많이 나타납니다. 위 구절에서는 영을 풀어 놓고, 주님을 구하는 모습을 볼 수 있습니다. 하나님은 사모하는 자에게 더 많은 말씀과 계시를 주십니다.

제가 경험으로 배운, 영적인 꿈을 꾸는데 도움을 주는 몇 가지 내용을 나누겠습니다. 먼저 잠자리에서 방언 기도를 함으로써 스스로 영적인 모드로 조정하십시오. 잠들기 전에 오늘 무슨 일이 있었는지 내일 어떤 일이 있는지만 생각하다가 혼적인 모드에서 잠이 든다면 영적인 꿈을 기대하기가 어렵습니다. 그러나 영적인 상태에 기어를 맞추고 잠드는 순간까지 영으로 기도하다가 잠든다면 영적인 꿈을 훨씬 많이 꾸게 됩니다. 그리고 꿈에서 깨면 바로 기록할 수 있도록, 근처에 공책과 필기구를 준비해 두십시오. 오늘도 하나님께서 말씀하실 것을 기대하고 믿음으로 준비하는 것입니다. 이런 것이 습관이 되고 실제로 체험하다 보면, 재미가 붙어서 밤마다 누워서 방언으로 기도하고 가슴이 뜨

거워진 상태로 잠이 들게 됩니다. 그러면 하나님께서는 하시고자 하시는 말씀을 자유롭게 말씀하시고 보여 주십니다.

또한 **영적인 꿈은 하늘나라 영역**Heavenly Place**에 많이 사는 사람에게 더 많이 나타납니다.** 하늘나라 영역에 속한 상태를 '하늘이 열렸다' 라는 말로 표현하기도 합니다. 여기에서 하늘나라 영역이란 지리적인 특정 지역을 말하는 것이 아니라, 하나님 나라의 능력이 더 많이 발휘되고 영향력을 미치는 상태를 의미합니다. 그러므로 육신의 본성이 양보되고 새로운 본성이 강화된 사람일수록, 그의 삶 전반에 지식의 말씀, 지혜의 말씀, 영분별의 은사와 같은 계시 은사나 예언 은사가 더 많이 나타나며 당연히 영적인 꿈도 더 많이 보게 될 것입니다.

우리가 영적인 모드에 있으면, 하나님께서는 언제든지 원하실 때 말씀하실 수 있고, 또 우리는 그것을 잘 들을 수가 있습니다. 늘 주의 임재를 인식하고 갈망하며 그 가운데 사는 사람은 밤에도 주님의 영광 속에 있고 영적인 꿈을 통해 주님의 음성을 들을 수 있습니다.

영적인 꿈에서 들은 말은 중요한 메시지일 가능성이 높다

마 1:20-21
이 일을 생각할 때에 주의 사자가 현몽하여 이르되 다윗의 자손 요셉아 네 아내 마리아 데려오기를 무서워하지 말라 그에게 잉태된 자는 성령으로 된 것이라 아들을 낳으리니 이름을 예수라 하라 이는 그가 자기 백성을 그들의 죄에서 구원할 자이심이라 하니라

마 2:19-20
헤롯이 죽은 후에 주의 사자가 애굽에서 요셉에게 현몽하여 이르되 일어나 아기와 그의 어머니를 데리고 이스라엘 땅으로 가라 아기의 목숨을 찾던 자들이 죽었느니라 하시니

위의 구절에는 주의 사자가 꿈을 통하여 요셉에게 방향을 제시하는 장면이 나옵니다. 우리도 위와 같이 영적인 꿈 가운데 주의 사자의 권위 있는 음성을 듣기도 합니다. 그러나 이런 꿈을 꾸었다 하더라도, 우리의 심령 안에서 하나님께서 이 말씀을 주셨다는 확증이 일어나는지 확인해 보아야 합니다. 꿈에서 본 내용대로 무조건 따르는 것이 아니라, 바르게 해석하고 적용하는 과정이 수반되어야 하는 것입니다.

주님의 사자의 음성 외에도, 영적인 꿈에서 어떤 말을 들었다면 그것은 하나님께서 주시는 음성일 가능성이 많습니다. 그것은 자기 자신이 한 말일 수도 있고, 다른 사람이 한 말일 수도 있습니다. 특히 꿈에 나타난 영적 권위자가 하는 말은 정확히 하나님께서 주시는 메시지인 경우가 많습니다.

저희 교회가 지금의 예배당을 건축하기 전에, 초등부가 부흥하게 되어 초등부를 위한 다른 예배 장소를 임시로 구해야 할지 논의하게 되었던 적이 있습니다. 사실 그 당시에도 머지않아 예배당을 건축하고 이사를 가고자 하는 구상이 있었기 때문에, 쉽게 결정을 내리기가 어려웠습니다.

그러던 어느 날 아침에 영적인 꿈을 꾸었습니다. 꿈에서 저희 집에 손님이 오셔서 거실에서 주무시고 있었는데 잠자리가 너무나 불편해 보였습니다. 그래서 우리 목사님께 비어 있는 작은 방에 보일러를 켜고 손님 잠자리를 마련하자고 했더니, 그렇게 하지 말고 그냥 두라고 대답하시는 것이 꿈의 내용이었습니다. 이 꿈에서 중요한 메시지는 "그냥 두라"라는 것이었습니다.

그리고 그 날 부목사님께서 초등부를 위한 예배 장소가 나왔다고 함께 보러 가자고 하셔서 가게 되었는데 장소가 아주 좋았습니다. 언급했듯이, 저희는 당시에 준비가 되는 대로 예배당 건물을 옮기고자 하는 구상이 있었지만, 구체화된 것은 없었습니다. 우리가 곧 건물을 옮기게 된다면 굳이 초등부 예배 장소를 구할 필요가 없었고, 몇 년 더 머물게 된다면 구하는 것이 좋은 일이었습니다. 그래서 하나님께 다른 계획이 없으시다면 이 장소를 당연히 주실 것이라고 생각했습니다.

그런데 주인과 흥정을 하는 과정에서 주인이 우리의 제안을 거절하게 되었습니다. 그러자 그 순간 아침에 보았던 꿈과 "그냥 두라"라는 메시지가 번뜩 생각났습니다. 저는 초등부 예배 장소를 얻을 필요가 없다는 것과 머지않아 우리 교회가 다른 곳으로 움직일 것을 알게 되었습니다. 그때는 사실 교회 이전에 대해서 눈에 보이는 계획이 하나도 없었습니다. 그런데 놀랍게도 몇 달 후에 제가 미리 인도받은 대로, 완전히 새로운 건물을 찾게 되고 그곳을 고쳐서 교회 전체가 이사를 오게 되었습니다.

또 다른 예로, 이사 갈 건물이 정해지고 공사가 한창 진행될 때였습니다. 기존 상가 건물을 구입해서 리모델링을 하는 과정에서, 5층을 예배당으로 쓰기 위해 지붕을 높이게 되었습니다.

그러던 어느 날 아침 영적인 꿈을 꾸었는데, 제가 여행을 하다가 가방을 잃어버린 상황이었습니다. 사실 그 가방에는 여행 용품 외에 크게 중요한 것이 들어있지는 않아서 새로 구입해도 되었지만, 어쨌든 물건을 잃어버렸다는 사실에 당황하고 있었습니다. 그런데 저희 교회 부목사님이 나타나서 "중요한 건 없으니까, 잊어버리시고 그냥 모든 과정을 즐기세요."라고 말씀하셨습니다. 우리 하나님은 얼마나 재치가 있으신지, 꿈이나 환상에서도 그 사람의 평소 성격을 그대로 사용하셔서 말씀하십니다. 그 말은 정말로 우리 부목사님이 꼭 할 법한 그런 말이었습니다.

저는 꿈에서 깬 후, 뭔가 당황할 일이 있겠다는 것과 그에 대한 메시지는 "큰 문제가 아니니 모든 과정을 즐기라"라는 것임을 알았습니다.

그 날 저녁, 어떤 소식을 듣게 되었습니다. 소방 시설 문제로 인해 5층 예배당의 지붕을 일부만 높일 수 있다는 것이었습니다. 처음 들었을 때는 도저히 그림이 그려지지 않고 예배당 모양이 몹시 이상하게 될 것 같아 우려가 되었습니다. 그런데 사역자들끼리 대화를 하는 중에 아침에 본 꿈이 생각났습니다. 그래서 하나님께서 큰 문제가 없으니 그냥 과정을 즐기라는 메시지를 주셨음을 함께 나누고, 가벼운 마음으로 진행하게 되었습니다. 그리고 그 결과, 5층 예배당이 오히려 더 만족스럽게 완성되었습니다. 처음 우리의 계획과는 달랐지만, 알려주신 메시지를 따라 진행하여 더 좋은 결과를 얻게 된 것입니다.

정결하지 못한 심령과 영적 분위기는 영적인 꿈을 방해한다

우리 안에 깨끗하지 못한 생각이나 심령은 영적인 꿈을 방해합니다. 우리의 모든 믿음 생활은 영으로 하는 것입니다. 우리가 용서하지 못하거나 걱정하고 염려하는 어두운 것들을 품고 있다면 영적인 꿈을 보기가 어렵습니다.

또한 우리가 처한 영적인 분위기나 환경도 중요합니다. 창세기를 보면 야곱이 라반의 집에 가는 길에 벧엘에서 하나님을 만나는 영적인 꿈을 꾸는 장면이 나옵니다(창 28장). 그런데 라반의 집에 있었던 20년 동안에는 영적인 꿈을 꾸었다는 기록이 전혀 없습니다. 우리도 교회나 또는 평소 기도를 많이 하던 곳에서 영적인 꿈을 더 잘 보는 경우가 많습니다.

그러나 꼭 특정 장소를 고집하거나 선호할 일은 아닙니다. 우리는 새로운 본성을 가졌기 때문에, 어디를 가든지 하나님의 임재가 함께 합니다. 꼭 기도원을 가거나 교회에서 철야를 해야만 은혜를 받고 환상을 보게 되는 것은 아닙니다. 우리가 우리의 거듭난 영과 내주하시는 성령님을 인식하고 풀어낸다면 그곳이 어디든지 하나님의 임재가 충만하게 될 것입니다.

결국 영적인 분위기란, 장소 자체에 능력이 있는 것이 아니라 어떤 사람들이 어떤 분위기를 만들어내느냐의 문제입니다. 예를 들어, 불신자 가정보다는 신자 가정의 영적 분위기가 더 좋을 것입니다. 또한 신자의 가정 중에서도 가족이 화목하고 항상 함께 찬양하며 예배하는 곳이라면 분위기가 더 좋을 것입니다. 그리고 그런 분위기에서 영적인 꿈을 포함한 하나님의 역사가 더 잘 나타날 것입니다. 목사님들이 집회를 인도하기 위해 다른 도시에 가시면 호텔 등에서 묵으시는 경우가 있는데 보통 그런 숙박업소는 영적인 분위기가 좋지 않기 마련입니다. 그래서 도착하시면 가장 먼저 찬양하고 경배하고 방언으로 기도하시면서 영적 분위기를 쇄신하는 작업을 하시는 것이 이런 이유 때문입니다.

영적인 꿈을 분별하기

우리가 꾸는 꿈이 다 하나님으로부터 온 영적인 꿈은 아닙니다. 그 중에는 마귀가 준 꿈이나 우리의 잠재의식이 투영된

꿈도 있습니다. 특별히 TV나 영화와 같은 영상 매체에 많이 노출되면, 잠시 본 것이라도 그 그림이 우리 심령에 남아 나쁜 영향을 미칠 수 있습니다. 특히 공포영화는 매우 좋지 않으며, 재미삼아 하는 귀신 이야기나 무서운 이야기 등도 유익하지 않습니다. 그런 것들을 접할 때 두려움의 영이 오기 때문입니다.

마귀가 주는 꿈을 꾸었을 때에는 즉시 예수 이름으로 그 영상을 깨버려야 합니다. 마귀는 그 꿈을 사용하려고 할 것입니다. 부정적인 꿈을 꾸면 그 꿈대로 이루어질까봐 마음이 쓰이고 불안해질 수 있는데, 그럴 때 예수 이름으로 그것을 깨버리십시오. 막연히 "떠나갈지어다"라고 반복해서 말하는 것이 아닙니다. 영을 풀어 놓고 영적 권세를 사용하여 선언함으로써 물리치십시오. 즉 먼저 방언으로 기도하여 영을 풀어 놓고, 부정적인 그림이 떠오를 때마다 그것으로부터 완전히 자유로워질 때까지 믿음의 고백을 선언하며 물리치십시오.

간혹 어떤 사람, 특히 교회 지체가 나에 대한 험담을 하는 꿈을 꾸는 경우가 있습니다. 이것은 결코 하나님께서 주신 꿈이 아닙니다. 예전에 어떤 성도가 어느 순간부터 저를 보는 눈이 달라진 것을 느낀 적이 있습니다. 그래서 함께 철야 기도를 할 기회가 있어 자연스럽게 물어 보았더니, 꿈에서 제가 그분의 험담을 했다는 것입니다. 그래서 하나님이 저의 마음을 알려주신 것이라고 생각하고 혼자 오해를 하신 것이었습니다. 하나님은 절대로 그런 꿈을 주실 리가 없습니다. 하나님께서 영적인 꿈이나 환상을 주시는 이유는 우리에게 긍정적인 영향을 미치기 위한 것입니다. 관계를 와해시키고 부정적인 효과를 나타내는 꿈은 하나님께서 주신 것이 아닙니다.

또한 성령님은 때로 영적인 꿈을 통해 우리의 심령 안에 있는 것을 말씀하시기도 합니다. 종종 우리는 다른 사람의 중심은 잘 보면서도, 본인의 심령 상태는 잘 모를 때가 많습니다. 다른 사람에 대해서는 즉시 판단을 내리면서도, 자신은 다 잘하고 있다고만 생각하는 것입니다. 어떤 일이나 사람에 대한 동기나 태도, 고정관념 등 모든 것이 심령의 문제입니다. 그럴 때 하나님께서는 영적인 꿈을 통해서 우리의 심령 가운데 있는 중심과 태도에 대해서 말씀하셔서 스스로를 들여다볼 수 있게 하시기도 합니다.

예전에 저도 우리 목사님에 대해서 뭔가 마음에 들지 않아서 계속 불만을 느끼고 있던 중에, 남편이 죽는 꿈을 꾼 적이 있습니다. 그런데 보통 꿈과 다르게 남편을 잃었을 때의 실제적인 감정과 분위기와 느낌이 생생하게 다가왔습니다. 최대한 침착한 상태를 유지하고 있는데, 누군가가 저에게 "지금은 사람들이 있어서 정신이 없으시겠지만, 모든 사람들이 다 떠나고 나면 슬픔이 몰려올 겁니다."라고 이야기하기도 했습니다. 그래서 정말로 남편이 죽은 슬픔을 느끼면서 꿈에서 깨어났습니다. 그 꿈으로 인해 저는 제가 남편에게 온전하지 못한 감정을 가진 것을 깨닫고, 동시에 그 일이 얼마나 사소한지를 느끼게 되었습니다. 꿈을 통하여 한 순간에 저의 심령을 조명하고, 잘못된 부분을 교정하게 된 것입니다.

가장 중요한 것은 깨끗한 생각과 의로운 심령을 유지하는 것입니다. 우리의 심령은 주님과 교통하는 본부이며, 생각은 심령으로 들어가는 통로가 됩니다. 그러므로 생각과 심령을 좋은 밭으로 유지할 때 주님으로부터 오는 음성을 잘 들을 수가 있습니다.

영적인 꿈은 해석이 중요하다

단 2:29-30

왕이여 왕이 침상에서 장래 일을 생각하실 때에 은밀한 것을 나타내시는 이가 장래 일을 왕에게 알게 하셨사오며 내게 이 은밀한 것을 나타내심은 내 지혜가 모든 사람보다 낫기 때문이 아니라 오직 그 해석을 왕에게 알려서 왕이 마음으로 생각하던 것을 왕에게 알려 주려 하심이니이다

위 구절은 다니엘이 왕의 꿈을 해석하면서, 그 꿈과 해석은 모두 하나님으로부터 온 것임을 말하는 장면입니다.

영적인 꿈(환상)에는 사실적인 꿈과 상징적인 꿈이 있습니다. **사실적인 꿈**은 매우 간단하고 명료하게 어떤 사건을 보여

주는데, 그것은 대부분 우리가 앞으로 대하게 될 사건을 나타냅니다. 이것은 있는 그대로 정확하게 보이기 때문에 해석할 필요가 없습니다.

그러나 **대부분의 영적인 꿈은 상징적인 꿈**입니다. 이러한 꿈은 반드시 해석되어야 하며, 해석을 위해 기도와 묵상이 필요합니다. 중요한 것은 하나님께서 전체 맥락을 통하여 전하고자 하시는 메시지입니다.

이는 성경에서 예수께서 드신 비유들을 읽을 때도 마찬가지입니다. 그 비유를 통해 예수님께서 전달하고자 하시는 주제보다, 특정 등장인물이나 사물이 상징하는 바에만 무리하게 집중한다면 오히려 잘못 이해할 수도 있습니다. 비유 속의 등장인물이나 사물이 각각 개별적으로 무엇인가를 의미할 때도 있지만 그렇지 않을 때도 있습니다. 예를 들어, 누가복음 18장의 불의한 재판관과 과부의 비유에서 중요한 것은 "하나님께서는 간구하는 자들에게 속히 응답하신다"라는 메시지입니다. 그런데 여기에서 '불의한 재판관'이 곧 '하나님'을 뜻한다고 해석해서는 곤란합니다. 그러므로 영적인 꿈을 해석할 때에도 가장 중요한 것은 "하나님께서 나에게 무엇을 말씀하기 원하시는가?"입니다.

세상 사람들 사이에는 흔히 돼지꿈을 꾸면 물질운이 있다거나, 높은 곳에서 떨어지는 꿈을 꾸면 키가 큰다거나 하는 해몽의 규칙들이 있습니다. 그러나 그런 세상적인 영역의 규칙을 따라 영적인 꿈(환상)을 해석하는 것은 위험합니다. 영적인 꿈은 각기 독특한 메시지와 상징을 담고 있기 때문에 다른 사람의 패턴이나 공식을 적용해서 풀려고 해서도 안 됩니다. 같은 사물이라도 긍정적으로 해석될 때가 있고 부정적으로 해석될 때가 있습니다. 우리는 철저히 주님을 의지하여 그분이 주시는 해석을 받아야만 합니다. 그러므로 우리는 영적인 꿈을 꾼 후에 반드시 내용을 기록하고 그것을 해석해 달라고 기도하는 과정을 가져야 합니다. 물론 보는 순간 더 이상 해석할 필요가 없이 어떤 메시지인지 깨달아지는 경우도 있습니다. 그러나 이해가 되지 않은 꿈일 경우에는 반드시 주님께 해석을 구하십시오.

다시 말하지만, 잠자리 근처에는 항상 공책과 필기구를 비치하십시오. 자다가도 우선 기록해 두십시오. 꿈의 내용이 인상적인 경우도 있지만 사실 영적인 꿈 중에 평범하고 사소해 보이는 것도 있습니다. 그럴 때도 기억하고 해석하려고 노력해야 하나님께서 주신 계시를 놓치지 않습니다. 전체 내용이 기억나지 않을 때는 분명하게 남아 있는 부분만 적으면 됩니다. 영적인 꿈은 하나님께서 주시는 것이고 우리의 영이 기억하는 것이기 때문에, 잊어버렸다가도 나중에 영적 모드로 들어갈 때 다시 기억나는 경우가 많습니다. 그러나 아무런 기대도 하지 않고 기록도 남겨두지 않는다면, 하나님께서 주시는 많은 메시지를 그냥 흘려보내게 됩니다.

우리가 **하나님으로부터 온 계시를 받아 활용하기** 위해서는 **다음의 세 가지 단계**를 거쳐야 합니다.

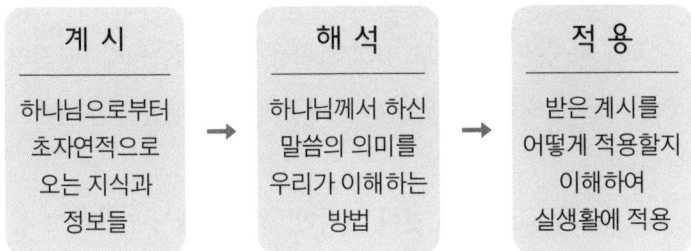

이 과정에서 가장 중요한 것이 바로 해석입니다. 저도 비교적 일찍부터 영적인 꿈을 보아왔지만 해석하는 방법을 배우지 못해서 제대로 활용하지 못했습니다. 그러나 제대로 지도받고 훈련하면 누구나 영적인 꿈을 통해 바르게 인도받을 수 있습니다.

자신만의 "계시 수첩"을 만들어서 하나님으로부터 받은 것들을 적고, 주중에 몇 번씩 다시 보십시오. 당시에는 해석이 되지 않았던 것이 며칠 후에 이해가 되기도 합니다. 그렇게 이해된 해석을 함께 적어 두고 적용하십시오. 그러다 보면 하나하나 모두 해석이 되고, 하나님께서 하시는 말씀을 점점 더 잘 듣게 됩니다.

영적인 꿈을 해석할 때 주의할 점

앞서 말했듯이, 꿈은 꾸는 것보다 올바르게 해석하는 것이 더 중요합니다. 해석 부분을 발전시키지 못한다면 아무리 많은 꿈과 환상을 보더라도 제대로 활용할 수 없습니다. 영적인 꿈을 바르게 해석하기 위해서는 다음과 같은 점들을 주의해야 합니다.

우선 내가 듣고 싶은 것이 아니라, 하나님께서 말씀하고 싶으신 것을 감지해야 합니다. 이것이 굉장히 중요합니다. 사람들은 항상 듣고 싶은 것만 들으려고 하는 경향이 있습니다. 그러나 하나님께서는 우리가 듣고 싶은 결론만 말씀하시는 것이 아니라, 그분께서 원하시는 말씀을 하십니다. 우리는 많은 경우, 이 문제 때문에 하나님께서 주신 메시지를 잘못 받아들이곤 합니다.

저의 경우도 성도의 문제에 대해서는 좋은 응답을 받아 주고 싶어서, 보여주시는 것을 좋게 해석하고 싶은 마음이 있습니다. 하지만 실제로 하나님께서는 지금 당장의 문제에 대해서 응답하시기 보다는 그 성도가 교정해야 할 부분에 대해서 말씀하시는 경우도 있습니다. 직접적인 답을 주시기 이전에 성령 인도를 제한하고 있는 부분에 대해서 먼저 말씀하시는 것입니다. 그러나 당장 자신이 원하는 해답만을 구하고 자의적으로 해석한다면 하나님께서 예비하신 최고의 것을 받을 수가 없을 것입니다.

두 번째, 부정적인 것은 하나님의 계획이 아니라, 사단의 계획을 노출시킨 것입니다. 우리는 부정적인 꿈을 꾸면 계속 염려하고 그 일이 분명히 일어날 것이라고 믿는 경우가 많습니다. 그러나 그 일이 일어날 것이라는 의미로 부정적인 꿈을 보여주시는 경우는 극히 드뭅니다. 부정적인 꿈은 대부분 우리를 예비시키고 상황을 변화시키기 위해서 보여주시는 것입니다.

이것을 둘째 하늘의 정보라고 합니다. 셋째 하늘이 하나님의 영역이라면, 둘째 하늘은 공중 권세를 잡은 자인 마귀가 역사하는 곳입니다. 즉 둘째 하늘의 정보란 마귀의 전략에 대한 정보입니다. 그것을 보고 막연히 '안 좋은 일이 생기려나 봐.' 하면서 두려워한다면 오히려 사탄에게 발판을 내어주게 될 것입니다. 부정적인 미래를 본 것은 사단의 계획이 노출된 것이지 결코 하나님의 계획이 아닙니다. 성령님께서 우리에게 그것을 보여주신 의도는 우리로 하여금 기도와 성령 인도를 통하여 상황을 변화시키도록 하기 위함입니다.

특별히 예언사역자들이나 중보기도자들은 다른 사람에 대해서 하나님의 음성을 듣는 경우가 많습니다. 이들이 가장 주의해야 할 것이 바로 **교만**pride**의 문제**입니다. 그런 메시지를 받았을 때는 철저히 하나님의 지시에 따라 당사자에게 전달할지 말지를 결정해야 합니다. 하나님께서 말하라고 하시면 전하고, 그렇지 않으면 그 일을 위해 중보하면 됩니다. 그러나 중심이 잘 다루어지지 않은 상태에서 은사를 받은 사람들은 하나님께서 보여 주신 것을 가지고 상대를 조종하려고 합니다. 심지어 자신이 본 부정적인 그림이 실제로 이루어져서 내심 자신의 영적 능력을 증명하고 싶어 하는 경우도 있습니다.

그러므로 특별한 은사를 받은 사람일수록 철저하게 교회의 권위 아래서 훈련받고 다듬어져야 합니다. 은사가 강해질수록 점점 더 중심의 문제에 대해 강력하게 도전받게 될 것입니다. 본인의 능력을 과신하여 영적 권위의 권면을 무시하는 사람들은 반드시 부정적인 결과를 가져옵니다. 순종하지 않는 심령은 아무런 열매도 맺을 수 없기 때문입니다. 중심이 바르지 않다면 어떤 은사나 능력이라도 결국 인간적인 의도가 섞이게 되어 점차 그리스도의 몸에 해를 입히고 쓸모가 없게 됩니다. 그러나 영적 권위의 지시에 따라 훈련하고 계발한다면, 아직 온전하지 않고 때로는 실수가 있더라도 결국에는 주어진 은사를 풍성하게 사용할 수 있을 것입니다.

세 번째, 영적인 꿈에서 숫자는 중요한 의미를 가질 수 있습니다. 물론 꿈에 나온 모든 숫자가 다 의미가 있는 것은 아니며, 특히 복잡하고 긴 숫자는 무시하는 편이 좋습니다. 영적으로 철저히 훈련되고 아주 높은 수준으로 성장하지 않는 한, 그런 숫자가 의미를 가지는 경우는 거의 없다고 봐도 무방합니다. 예를 들어, 꿈에서 여섯 자리 숫자를 보고 나서 하나님께서 로또 당첨 번호를 알려 주셨다고 믿는다면, 곧 실망하게 될 것입니다.

그러나 **단순한 숫자는 중요한 메시지를 담고 있을 수 있습**

니다. 성경에도 구약시대 선지자들이 꾸었던 꿈들을 보면 숫자가 중요한 핵심이 되는 경우가 많습니다.

몇 년 전에 가까운 분이 갑자기 회사에서 어려움을 당하여 구치소에 들어가게 된 일이 있었습니다. 당사자 부부는 상황에 대해 너무나 절망하고 있어서 제가 대신 중보기도를 하기 시작했습니다. 그러던 중 기도하면서 환상을 보게 되었는데, 그 자매가 손으로 V자를 그리고 있는 것이었습니다. 처음에는 '승리' 라는 의미인가 했지만 아닌 것 같았고, 계속 인도받는 중에 숫자를 의미한다는 마음이 들었습니다. 그리고 그것이 어떤 기간인 것 같았고, 결국 '2달'을 뜻한다는 결론을 내리게 되었습니다.

그래서 저는 환상에서 본대로 그 자매에게 남편이 2달 내로 나올 것이라고 말했습니다. 물론 상황은 아무리 보아도 결코 2달 내에 나올 수 있을 것 같지가 않았습니다. 그러던 중 얼마 후, 그 자매에게서 연락이 왔습니다. 병보석을 신청했는데, 일반적으로 병보석이 허가되는 질환이 아님에도 불구하고 허가가 나서 곧 나오게 된다는 것입니다. 날짜를 보니 당연하게도 구치소에 들어간 지 2달이 되는 때였습니다.

이와 같이, 우리에게 갈급하고 다급한 문제가 생길 때 하나님께 기도하면 반드시 정확한 실마리를 보여주십니다. 그러나 영적 직감이 잘 계발되어 있어야 합니다. 하나님은 대부분의 문제에서 직감을 통해 알려주시며, 환상을 보더라도 직감이 발달되어야 바르게 해석할 수 있기 때문입니다. 해석하는 가운데 명확한 감이 오지 않고 오히려 혼동이 된다면 처음부터 다시 짚어 보아야 합니다. 단지 혼적 동의가 아닌 영적 확신이 있어야 하며, 우리 모두는 그러한 감각을 식별할 수 있어야 합니다.

네 번째, 영적인 꿈을 문자적으로 보이는 대로만 해석하려고 해서는 안 됩니다. 이미 언급했듯이 중요한 것은 "이 꿈을 통해서 무엇을 말씀하시는가?"이며, 누가 나왔는지 무엇을 했는지 자체가 중요한 것은 아닙니다. 어떤 사람이 나오더라도 직접적으로 그 사람을 의미하는 것이 아니라 다른 사람의 일인 경우가 더 많습니다.

저의 경우, 딸이 나오는 꿈을 꾸면 사실은 교회 성도 중의 한 사람에 대한 내용인 때가 많습니다. 그들이 바로 저의 영적 자녀이기 때문입니다. 그래서 중보하다 보면 누구에 대한 일인지 대부분 알게 됩니다. 한번은 이런 경우도 있었습니다. 어떤 성도님이 나오는 꿈을 꾸었는데, 아무리 생각해도 해석이 잘 되지 않았습니다. 그런데 어느 순간 깨닫기를, 그분과 같은 이름을 가진 다른 성도에 대한 꿈이라는 것을 알게 되었습니다. 하나님께서 재미있게도 동명이인을 등장시켜서 메시지를 주신 것입니다. 이러한 다양한 꿈마다 주님을 의지해서 풀어가는 과정이 얼마나 재미있는지 모릅니다.

마지막으로, 영적인 꿈을 해석하는 데 정해진 패턴이나 규칙은 없습니다. 하나님께서는 동일한 의미에 대해서도 다양한 사물을 상징으로 사용하실 수 있습니다.

예를 들어, "비"는 '성령의 비'라고 보면 하나님의 은혜와 같은 긍정적인 의미이지만, 반대로 어떤 일에서 피해를 보는 것을 의미할 수도 있습니다. "우산"도 긍정적으로 생각하면 보호이지만, 좋은 비라면 우산으로 막는 것은 부정적인 의미일 것입니다. "뱀"도 마찬가지입니다. 일반적으로는 사탄을 상징하지만, 구약의 모형을 통해 치유를 나타내기도 합니다.

그러므로 항상 매순간 주님께 의지하여 해석하는 것이 중요합니다. 그러다 보면 자기 자신만의 고유한 패턴을 발견하게 되어, 나중에는 쉽게 의미를 파악할 수 있습니다.

하나님께서 이와 같이 상징적인 꿈으로 우리를 인도하시는 이유는 우리와 항상 교통하기를 원하시기 때문입니다. 그러나 영적인 꿈은 단지 보는 것으로 끝나는 것이 아니라, 그 꿈을 꾼 순간부터 계속해서 하나님과 교통함으로써 바르게 해석되고 적용되어야 우리 삶에서 하나님께서 의도하신 효과를 발휘하게 됩니다. 우리가 모든 일에 주님을 의지하고 의뢰할 때, 그분은 항상 가장 온전하고 좋은 길로 우리를 인도하실 것입니다.

제 5 장

성경에 나타난 영적인 꿈

이번 장에서는 성경에 나타난 영적인 꿈과 환상의 예를 살펴보겠습니다. 이러한 예들은 우리에게 영적인 꿈을 통하여 인도받는 방법에 대한 유용한 가르침들을 줍니다.

모세의 꿈

민 12:1-8

모세가 구스 여자를 취하였더니 그 구스 여자를 취하였으므로 미리암과 아론이 모세를 비방하니라 그들이 이르되 여호와께서 모세와만 말씀하셨느냐 우리와도 말씀하지 아니하셨느냐 하매 여호와께서 이 말을 들으셨더라 **이 사람 모세는 온유함이 지면의 모든 사람보다 더하더라** 여호와께서 갑자기 모세와 아론과 미리암에게 이르시되 너희 세 사람은 회막으로 나아오라 하시니 그 세 사람이 나아가매 여호와께서 구름 기둥 가운데로부터 강림하사 장막 문에 서시고 아론과 미리암을 부르시는지라 그 두 사람이 나아가매 이르시되 내 말을 들으라 너희 중에 선지자가 있으면 나 여호와가 환상으로 나를 그에게 알리기도 하고 꿈으로 그와 말하기도 하거니와 내 종 모세와는 그렇지 아니하니 그는 내 온 집에 충성함이라 그와는 내가 대면하여 명백히 말하고 은밀한 말로 하지 아니하며 그는 또 여호와의 형상을 보거늘 너희가 어찌하여 내 종 모세 비방하기를 두려워하지 아니하느냐

모세는 구약시대 선지자들 중 가장 큰 계시를 받은 자였습니다. 그가 쓴 모세 오경을 보면 하나님의 창조와 이스라엘 백성의 초기 역사, 그리고 그들이 지켜야 할 율법들이 너무나 세부적으로 기술되어 있는 것을 볼 수 있습니다. 당시에는 하나님의 음성을 듣는다는 것이 흔히 있는 일이 아니었습니다. 보통 선지자들은 주로 꿈이나 환상을 통해 하나님의 계시를 받았습니다(6절), 그런데 모세에게는 하나님께서 '대면하여 명백히 말한다' 라고 말씀하십니다(8절). 그 이유는 그가 누구보다도 온유한 사람이었기 때문입니다(3절). 여기에서 '온유하다' 는 말은 '겸손하다' 는 의미로서, NIV 영어성경에서는 "모세는 매우 겸손한humble 사람으로서, 지면의 그 누구보다도 겸손했다."라고 적고 있습니다. **성경에서 말하는 겸손이란 언제든지 자신의**

길에서 물러서서 하나님께 양보하는 상태를 말합니다. 위 말씀을 통해서 하나님께서는 그러한 사람에게 많은 계시를 주신다는 것을 볼 수 있습니다.

구약 시대에는 하나님의 음성을 직접 듣는 것은 물론이거니와, 꿈이나 환상을 통한 계시를 받는 것도 선지자들에게만 한정되어 있었습니다. 그들은 아직 거듭나지 못했고 하나님과 자유롭게 교통할 수 있는 상태가 아니었기 때문입니다. 그러나 우리는 거듭난 새로운 피조물이며, 성령께서 우리 안에 거하고 계십니다. 그러므로 지금 우리에게는 구약 시대 선지자들에게 성령이 임했을 때 나타났던 꿈과 환상과 예언들이 언제나 자연스럽게 일어날 수 있습니다.

욥 33:14-18
하나님은 한 번 말씀하시고 다시 말씀하시되 사람은 관심이 없도다 사람이 침상에서 졸며 깊이 잠들 때에나 꿈에나 밤에 환상을 볼 때에 그가 사람의 귀를 여시고 경고로써 두렵게 하시니 이는 사람에게 그의 행실을 버리게 하려 하심이며 사람의 교만을 막으려 하심이라 그는 사람의 혼을 구덩이에 빠지지 않게 하시며 그 생명을 칼에 맞아 멸망하지 않게 하시느니라

우리가 깨어 있을 때는 우리의 생각이 너무나 활발하게 활동함으로 인해, 하나님께서 여러 번 말씀하셔도 그냥 지나치는 경

우가 많습니다. 그래서 위의 말씀에서는 사람이 침상에서 깊이 잘 때, 사람의 귀를 여시고 꿈이나 환상을 통하여 말씀하신다고 적고 있습니다. 즉 하나님께서는 영적인 꿈이나 환상을 통해서 사람들이 교정해야 할 부분을 조명하시고 그들이 자만을 버리고 자신의 목적에서 물러나게 하여서, 그들로 하여금 불필요한 손실을 겪지 않도록 인도하신다는 것입니다.

요셉의 꿈

요셉하면 "꿈쟁이"라는 별명이 있을 정도로 성경에서는 요셉이 영적인 꿈을 꾸거나 다른 이의 꿈을 해석하는 장면이 여러 번 나옵니다. 이러한 예를 통해 우리는 영적인 꿈을 다루는 태도나 해석 방법에 대한 여러 정보를 얻을 수 있습니다.

창 37:5-11, 18-20
요셉이 꿈을 꾸고 자기 형들에게 말하매 그들이 그를 더욱 미워하였더라 요셉이 그들에게 이르되 청하건대 내가 꾼 꿈을 들으시오 우리가 밭에서 곡식 단을 묶더니 내 단은 일어서고 당신들의 단은 내 단을 둘러서서 절하더이다 그의 형들이 그에게 이르되 네가 참으로 우리의 왕이 되겠느냐 참으로 우리를 다스리게 되겠느냐 하고 그의 꿈과 그의 말로 말미암아 그를 더욱 미워하더니 요셉이 다시 꿈을 꾸고 그의 형들에게 말하여 이르되 내가 또 꿈을 꾼즉 해와 달과 열한 별이 내게 절하더이다 하니라 그가 그의 꿈을 아버지와 형들에게 말하매 아버지가 그를 꾸짖고 그에게 이르되 네가 꾼 꿈이 무엇이냐 나와 네 어머니와 네 형들이 참으로 가서 땅에 엎드려 네게 절하겠느냐 그의 형들은 시기하되 그의 아버지는 그 말을 간직해 두었더라 … 요셉이 그들에게 가까이 오기 전에 그들이 요셉을 멀리서 보고 죽이기를 꾀하여 서로 이르되 꿈 꾸는 자가 오는도다 자, 그를 죽여 한 구덩이에 던지고 우리가 말하기를 악한 짐승이 그를 잡아먹었다 하자 그의 꿈이 어떻게 되는지를 우리가 볼 것이니라 하는지라

요셉은 어린 나이에 특별한 꿈을 꾸게 됩니다. 형들의 곡식단이 자기 단에게 절하고, 또 열한 별과 해와 달이 자기에게 절하더라는 것입니다. 이는 따로 해석할 것도 없이 너무나 분명한 메시지를 가진 꿈으로서, 후에 정확하게 성취되었습니다.

이와 같이, 하나님께서 우리에게 영적인 꿈을 보여 주시는 것은 집중적으로 기도하고 비전을 가지라는 이유가 대부분입니다. 그런데 그 비전을 공유할 수 없는 사람들에게 꿈의 내용을 이야기하는 것은 지혜롭지 못한 일입니다. 특별히 나에게 좋은 내용의 꿈일 경우에, 그것을 믿음이 약한 사람이나 영적으로 성숙하지 않은 사람에게 모두 이야기한다면 그들은 당신의 의도

와는 다르게 부정적인 반응을 보일 수도 있습니다. 잘 아시다시피, 요셉은 이로 인해 미움을 사고 생명의 위협까지 받게 되었습니다. 물론 영적으로 잘 통하는 지체나 자신의 멘토와 나누는 것은 괜찮습니다만, 그 외의 사람들과 나누는 것에는 다소 신중할 필요가 있습니다.

창 40:1-22

그 후에 애굽 왕의 술 맡은 자와 떡 굽는 자가 그들의 주인 애굽 왕에게 범죄한지라 바로가 그 두 관원장 곧 술 맡은 관원장과 떡 굽는 관원장에게 노하여 그들을 친위대장의 집 안에 있는 옥에 가두니 곧 요셉이 갇힌 곳이라 친위대장이 요셉에게 그들을 수종들게 하매 요셉이 그들을 섬겼더라 그들이 갇힌 지 여러 날이라 옥에 갇힌 애굽 왕의 술 맡은 자와 떡 굽는 자 두 사람이 하룻밤에 꿈을 꾸니 각기 그 내용이 다르더라 아침에 요셉이 들어가 보니 그들에게 근심의 빛이 있는지라 요셉이 그 주인의 집에 자기와 함께 갇힌 바로의 신하들에게 묻되 어찌하여 오늘 당신들의 얼굴에 근심의 빛이 있나이까 그들이 그에게 이르되 우리가 꿈을 꾸었으나 이를 해석할 자가 없도다 요셉이 그들에게 이르되 **해석은 하나님께 있지 아니하니이까** 청하건대 내게 이르소서 술 맡은 관원장이 그의 꿈을 요셉에게 말하여 이르되 내가 꿈에 보니 내 앞에 포도나무가 있는데 그 나무에 세 가지가 있고 싹이 나서 꽃이 피고 포도송이가 익었고 내 손에 바로의 잔이 있기로 내가 포도를 따서 그 즙을 바로의 잔에 짜서 그 잔을 바로의 손에 드렸노라 요셉이 그에게 이르되 그 해석이 이러하니 세 가지는 사흘이라 지금부터 사흘 안에 바로가 당신의 머리를 들고 당신의 전직을 회복시키리니 당신이 그 전에 술 맡은 자가 되었을 때에 하던 것 같이 바로의 잔을 그의 손에 드리게 되리이다 당신이 잘 되시거든 나를 생각하고 내게 은혜를 베풀어서 내 사정을 바로에게 아뢰어 이 집에서 나를 건져 주소서 나는 히브리 땅에서 끌려온 자요 여기서도 옥에 갇힐 일은 행하지 아니하였나이다 떡 굽는 관원장이 그 해석이 좋은 것을 보고 요셉에게 이르되 나도 꿈에 보니 흰 떡 세 광주리가 내 머리에 있고 맨 윗광주리에 바로를 위하여 만든 각종 구운 음식이 있는데 새들이 내 머리의 광주리에서 그것을 먹더라 요셉이 대답하여 이르되 그 해석은 이러하니 세 광주리는 사흘이라 지금부터 사흘 안에 바로가 당신의 머리를 들고 당신을 나무에 달리니 새들이 당신의 고기를 뜯어 먹으리이다 하더니 제삼일은 바로의 생일이라 바로가 그의 모든 신하를 위하여 잔치를 베풀 때에 술 맡은 관원장과 떡 굽는 관원장에게 그의 신하들 중에 머리를 들게 하니라 바로의 술 맡은 관원장은 전직을 회복하매 그가 잔을 바로의 손에 받들어 드렸고 떡 굽는 관원장은 매달리니 요셉이 그들에게 해석함과 같이 되었으나 요셉은 두 관원장의 꿈을 해석하기 전에 "해석은 하나님께 있지 않습니까?"(8절)라고 말합니다. 이것이 가장 중요한 원칙입니다. 영적인 꿈을 해석할 때에는 특정한 법칙을 일괄적으로 적용하여 판단해 버리기보다, 영적인 모드에서 성령님께서 주시는 신호를 감지해야 합니다. 이렇게 저렇게 해석해 보는데 심령이 개운하지 않고 어딘가 혼란스럽다면 빨리 내려놓고 다시 처음부터 시작하는 것이 좋습니다.

또한 지난 장에서 영적인 꿈에서 숫자가 중요한 요소일 수 있다고 나누었듯이, 여기에서도 숫자가 중요한 정보를 주는 것을 볼 수 있습니다. 두 관원장은 꿈에서 각각 세 개의 포도나무 가지, 포도주 세 잔, 떡 세 광주리를 보았는데 이는 모두 3일이라는 시간을 의미하고 있습니다. 물론 경우에 따라서 3주나 3개월, 또는 전혀 다른 의미일 수도 있으므로, 기본적으로 성령의 인도를 받아 해석해나가야 합니다.

창 41:1-8, 15-16, 25-40
만 이 년 후에 바로가 꿈을 꾼즉 자기가 나일 강 가에 서 있는데 보니 아름답고 살진 일곱 암소가 강 가에서 올라와 갈밭에서 뜯어먹고 그 뒤에 또 흉하고 파리한 다른 일곱 암소가 나일 강 가에서 올라와 그 소와 함께 나일 강 가에 서 있더니 그 흉하고 파리한 소가 그 아름답고 살진 일곱 소를 먹은지라 바로가 곧 깨었다가 다시 잠이 들어 꿈을 꾸니 한

줄기에 무성하고 충실한 일곱 이삭이 나오고 그 후에 또 가늘고 동풍에 마른 일곱 이삭이 나오더니 그 가는 일곱 이삭이 무성하고 충실한 일곱 이삭을 삼킨지라 바로가 깬즉 꿈이라 아침에 그의 마음이 번민하여 사람을 보내어 애굽의 점술가와 현인들을 모두 불러 그들에게 그의 꿈을 말하였으나 그것을 바로에게 해석하는 자가 없었더라 … 바로가 요셉에게 이르되 내가 한 꿈을 꾸었으나 그것을 해석하는 자가 없더니 들은즉 너는 꿈을 들으면 능히 푼다 하더라 요셉이 바로에게 대답하여 이르되 내가 아니라 **하나님께서 바로에게 편안한 대답을 하시리이다** … 요셉이 바로에게 아뢰되 바로의 꿈은 하나라 **하나님이 그가 하실 일을 바로에게 보이심이니이다** 일곱 좋은 암소는 일곱 해요 일곱 좋은 이삭도 일곱 해니 그 꿈은 하나라 그 후에 올라온 파리하고 흉한 일곱 소는 칠 년이요 동풍에 말라 속이 빈 일곱 이삭도 일곱 해 흉년이니 내가 바로에게 이르기를 하나님이 그가 하실 일을 바로에게 보이신다 함이 이것이라 온 애굽 땅에 일곱 해 큰 풍년이 있겠고 후에 일곱 해 흉년이 들므로 애굽 땅에 있던 풍년을 다 잊어버리게 되고 이 땅이 그 기근으로 망하리니 후에 든 그 흉년이 너무 심하므로 이전 풍년을 이 땅에서 기억하지 못하게 되리이다 **바로께서 꿈을 두 번 겹쳐 꾸신 것은 하나님이 이 일을 정하셨음이라 하나님이 속히 행하시리니** 이제 바로께서는 명철하고 지혜

있는 사람을 택하여 애굽 땅을 다스리게 하시고 바로께서는 또 이같이 행하사 나라 안에 감독관들을 두어 그 일곱 해 풍년에 애굽 땅의 오분의 일을 거두되 그들로 장차 올 풍년의 모든 곡물을 거두고 그 곡물을 바로의 손에 돌려 양식을 위하여 각 성읍에 쌓아 두게 하소서 이와 같이 그 곡물을 이 땅에 저장하여 애굽 땅에 임할 일곱 해 흉년에 대비하시면 땅이 이 흉년으로 말미암아 망하지 아니하리이다 바로와 그의 모든 신하가 이 일을 좋게 여긴지라 바로가 그의 신하들에게 이르되 이와 같이 하나님의 영에 감동된 사람을 우리가 어찌 찾을 수 있으리요 하고 요셉에게 이르되 하나님이 이 모든 것을 네게 보이셨으니 너와 같이 명철하고 지혜 있는 자가 없도다 너는 내 집을 다스리라 내 백성이 다 네 명령에 복종하리니 내가 너보다 높은 것은 내 왕좌뿐이니라

바로가 꾼 기묘한 꿈을 해석함으로 인해 드디어 요셉은 감옥 생활을 청산하고 애굽의 총리 자리에 오르는 초자연적인 승진을 경험합니다. 여기에서도 요셉은 "하나님이 그가 하실 일을 보이심이니다"(25절), "하나님께서 바로에게 편안한 대답을 하시리이다"(16절)라고 말하면서, 영적인 꿈의 출처와 해석 모두 하나님께 있음을 말하고 있습니다. 그래서 애굽의 온갖 점술가와 현인들이 꿈을 해석하려 했지만 그들은 결코 온전한 해석을

할 수 없었고, 하나님의 사람인 요셉에게 기회가 오게 됩니다. 내용은 잘 아시다시피 장차 애굽에 올 7년의 풍년과 7년의 흉년에 대한 것이었습니다.

또한 뒷부분을 보면, 영적인 꿈을 해석하는 방법이 하나 언급됩니다. 32절을 보겠습니다. "바로께서 꿈을 두 번 겹쳐 꾸신 것은 하나님이 이 일을 정하셨음이라 하나님이 속히 행하시리니" 이와 같이 같은 의미를 가진 꿈을 두 번 겹쳐 꿀 경우에는, 하나님께서 그 일을 행하기로 확정하셨으며 곧 일어날 일이라고 볼 수 있습니다.

다니엘의 꿈

단 2:1, 19-24, 45-49

느부갓네살이 다스린 지 이 년이 되는 해에 느부갓네살이 꿈을 꾸고 그로 말미암아 마음이 번민하여 잠을 이루지 못한지라 … 이에 이 은밀한 것이 밤에 환상으로 다니엘에게 나타나 보이매 다니엘이 하늘에 계신 하나님을 찬송하니라 다니엘이 말하여 이르되 영원부터 영원까지 하나님의 이름을 찬송할 것은 지혜와 능력이 그에게 있음이로다 그는 때와 계절을 바꾸시며 왕들을 폐하시고 왕들을 세우시며 지혜자에게 지혜를 주시고 총명한 자에게 지식을 주시는도다 그는 깊고 은밀한 일을 나타내시고 어두운 데에 있는 것을 아시며 또 빛이 그와 함께 있도다 나의 조상들의 하나님이여 주께서 이제 내게 지혜와 능력을 주시고 우리가 주께 구한 것을 내게 알게 하셨사오니 내가 주께 감사하고 주를 찬양하나이다 곧 주께서 왕의 그 일을 내게 보이셨나이다 하니라 이에 다니엘은 왕이 바벨론 지혜자들을 죽이라 명령한 아리옥에게로 가서 그에게 이같이 이르되 바벨론 지혜자들을 죽이지 말고 나를 왕의 앞으로 인도하라 그리하면 내가 그 해석을 왕께 알려 드리리라 하니 … 왕께서 보신 것은 크신 하나님이 장래 일을 왕께 알게 하신 것이라 이 꿈은 참되고 이 해석은 확실하니이다 하니 이에 느부갓네살 왕이 엎드려 다니엘에게 절하고 명하여 예물과 향품을 그에게 주게 하니라 왕이 대답하여 다니엘에게 이르되 너희 하나님은 참으로 모든 신들의 신이시요 모든 왕의 주재시로다 네가 능히 이 은밀한 것을 나타내었으니 네 하나님은 또 은밀한 것을 나타내시는 이시로다 왕이 이에 다니엘을 높여 귀한 선물을 많이 주며 그를 세워 바벨론 온 지방을 다스리게 하며 또 바벨론 모든 지혜자의 어른을 삼았으며 왕이 또 다니엘의 요구대로 사드락과 메삭과 아벳느고를 세워 바벨론 지방의 일을 다스리게 하였고 다니엘은 왕궁에 있었더라

다니엘서에도 유명한 꿈 이야기가 나옵니다. 느부갓네살 왕

이 어떤 꿈을 꾸고 마음이 불편하였는데, 이상하게도 해석은커 녕 꿈 내용 자체가 생각이 나지 않았습니다. 꿈을 해석하는 것 이라면 맞든지 틀리든지 누구나 시도는 해볼 수 있을 것입니다. 그런데 무슨 꿈을 꾸었는지를 찾아내라고 하니, 당연히 아무도 대답을 하지 못하고 바벨론의 모든 지혜자가 목숨을 잃을 지경 이 되었습니다. 그래서 다니엘이 하나님께 기도하고 꿈과 해석 을 모두 받게 됩니다. 여기에서도 마찬가지로 꿈을 주시는 분도 해석하시는 분도 하나님뿐이시므로, 다른 술객과 무당들은 결 코 답을 찾을 수가 없었습니다.

그런데 다니엘이 말하기를, 하나님께서 지혜와 능력을 주 시는데, 특별히 "우리가 주께 구한 것" 즉 우리가 주께 바라던 것 what we desired of thee을 알게 하셨다고 합니다(23절). 이와 같 이 하나님께서는 우리가 심령에 갈급함을 갖는 것들에 대해 반드시 인도하시고 알려 주십니다. 지금 다니엘이 답을 찾지 못하면 자신의 목숨은 물론 수많은 사람들이 함께 죽을 상황 입니다. 이런 급박한 상황에서 다니엘과 세 친구가 기도하자 하나님께서 은밀한 것을 나타내시고 말씀해 주셨습니다.

그래서 다니엘이 왕 앞에 나아가 꿈의 내용을 말하고, 정확 하게 해석합니다. 이는 잘 아시다시피 바벨론, 페르시아, 그리 스, 로마 제국 등 앞으로 일어날 왕국들에 대한 내용이었습니 다. 이 일로 말미암아 느부갓네살 왕이 자기 입으로 "하나님은 참으로 모든 신들의 신이시요 모든 왕의 주재시로다 네 하나님은 또 은밀한 것을 나타내시는 이시로다"라며 하나님을 찬양하고, 다니엘과 그 친구들을 높은 자리에 올린 것을 볼 수 있습니다.

지금까지 구약 시대의 예를 살펴보았습니다. 구약 시대에는 특정한 하나님의 사람이나 선지자로 부름 받은 사람들만이 하나님으로부터 계시를 받을 수 있었습니다. 그러나 신약 시대를 사는 거듭난 우리들은 믿고 구하기만 한다면, 누구나 언제 어디서나 무궁무진한 방법으로 하나님으로부터 계시를 받을 수가 있습니다. 중요한 것은 우리의 생각과 고백입니다. 설사 내가 하나님의 음성을 듣거나 영적인 꿈을 꾼 경험이 별로 없더라도, 이것은 하나님께서 우리에게 주시는 축복이므로 당연히 나에게 속한 것이고, 나는 당연히 그 음성을 알아들을 수 있음을 인식해야 합니다. "밤이나 낮이나 깨어 있을 때나 잘 때나 기도할 때나 하나님께서는 항상 나에게 말씀 하십니다. 그리고 나는 항상 그 음성을 듣습니다." 이 고백을 자신의 것으로 삼으십시오. 지속적으로 고백하면 믿음이 생기고, 믿기 시작하면 그러한 일이 내 삶에 실제로 일어날 것입니다.

이제 신약에 나타난 꿈들을 살펴보겠습니다. 성경에서나 교회사 가운데서나 꿈을 통해서 하나님으로부터 중요한 계시를 받은 경우가 적지 않습니다. 그러므로 우리도 영적인 꿈에 대해 항상 기대하고 열려 있어야 합니다.

예수의 탄생과 영적인 꿈

마 1:20-23

이 일을 생각할 때에 **주의 사자가 현몽하여 이르되** 다윗의 자손 요셉아 네 아내 마리아 데려오기를 무서워하지 말라 그에게 잉태된 자는 성령으로 된 것이라 아들을 낳으리니 이름을 예수라 하라 이는 그가 자기 백성을 그들의 죄에서 구원할 자이심이라 하니라 이 모든 일이 된 것은 주께서 선지자로 하신 말씀을 이루려 하심이니 이르시되 보라 처녀가 잉태하여 아들을 낳을 것이요 그의 이름은 임마누엘이라 하리라 하셨으니 이를 번역한즉 하나님이 우리와 함께 계시다 함이라

마 2:12-13, 19-21

그들(동방박사)은 **꿈에 헤롯에게로 돌아가지 말라 지시하심을 받아** 다른 길로 고국에 돌아가니라 그들이 떠난 후에 **주의 사자가 요셉에게 현몽하여** 이르되 헤롯이 아기를 찾아 죽이려 하니 일어나 아기와 그의 어머니를 데리고 애굽으로 피하여 내가 네게 이르기까지 거기 있으라 하시니 … 헤롯이 죽은 후에 **주의 사자가 애굽에서 요셉에게 현몽하여 이르되** 일어나 아기와 그의 어머니를 데리고 이스라엘 땅으로 가라 아기의 목숨을 찾던 자들이 죽었느니라 하시니 요셉이 일어나 아기와 그의 어머니를 데리고 이스라엘 땅으로 들어가니라

이와 같이 예수의 탄생을 위해 하나님께서 영적인 꿈을 통하여 여러 차례 말씀하시는 것을 볼 수 있습니다. 요셉의 경우, 마리아를 받아들이고 결혼 할 때, 아기 예수를 데리고 헤롯을 피해 애굽으로 피신할 때, 그리고 헤롯이 죽고 이스라엘로 돌아갈 때 모두 주의 사자가 그의 꿈에 나타나서 갈 길을 지시해 주었습니다. 또한 동방박사들도 아기 예수께 경배하고 돌아가는 길에 꿈에서 하나님의 지시를 받고 헤롯을 만나지 않은 채 다른 길로 고국으로 돌아가게 됩니다.

　이 시기는 신약 성경에 기록되어 있기는 하지만, 예수께서 속량 사역을 이루시기 전의 일이므로 사실상 구약 시대입니다. 이 당시에는 꿈을 통하는 것이 하나님께서 말씀하시는 거의 유일한 길이라 할 수 있습니다. 왜냐하면 이들은 우리처럼 새로운 영과 본성으로 거듭나지 않은 상태로서, 하나님과 영과 영으로 소통하거나 영적 직감을 통해 인도받을 수 없었기 때문입니다. 그래서 지금도 복음을 공개적으로 전할 수 없는 이슬람 지역에서는 하나님께서 강권적으로 불신자의 꿈에 나타나시고 스스로를 계시하시는 간증을 종종 들을 수가 있습니다.

신약 성도들의 꿈

　그러나 우리가 거듭나고 성령께서 우리 안에 임하셨다고 해서 더 이상 영적인 꿈을 통해 말씀하지 않으시는 것은 아닙니다.

사도행전을 보겠습니다.

> 행 16:6-10
> 성령이 아시아에서 말씀을 전하지 못하게 하시거늘 그들이 브루기아와 갈라디아 땅으로 다녀가 무시아 앞에 이르러 비두니아로 가고자 애쓰되 예수의 영이 허락하지 아니하시는지라 무시아를 지나 드로아로 내려갔는데 **밤에 환상이 바울에게 보이니** 마게도냐 사람 하나가 서서 그에게 청하여 이르되 마게도냐로 건너와서 우리를 도우라 하거늘 바울이 그 환상을 보았을 때 우리가 곧 마게도냐로 떠나기를 힘쓰니 이는 하나님이 저 사람들에게 복음을 전하라고 우리를 부르신 줄로 인정함이러라

바울이 복음을 전하기 위해 다음 행로를 인도받는 장면입니다. 처음에 바울은 소아시아 지역으로 가려고 마음을 먹었지만, 성령께서 그 길을 막고 계심을 알게 되었습니다. "성령이 하지 못하게 하셨다, 예수의 영이 허락지 않으셨다"라는 말들을 보아(6-7절), 환경으로 막히기도 하고 또 영적 직감을 통해 심령으로도 인도를 받은 것 같습니다.

그래서 이제는 정말 어디로 가야하나 고민하고 있을 때, "밤에 환상"을 보게 됩니다(9절). 즉, 영적인 꿈을 꾼 것입니다. (성경에서 "밤에 환상을 보았다"라고 표현하는 것은, 물론

밤에 기도하다가 환상을 보았을 수도 있겠으나, 대부분은 영적인 꿈이라 보아도 무방합니다.) 그리하여 바울은 자신이 마게도냐로 가야 한다는 것을 알게 되었고, 이러한 확실한 인도 가운데 움직였기에 마게도냐에 도착하자마자 매를 맞고 옥에 갇히는 시련이 닥쳤을 때에도 흔들리지 않고 주를 찬양할 수 있었습니다.

> 행 27:9-11, 21-26
> … 바울이 그들을 권하여 말하되 여러분이여 **내가 보니** 이번 항해가 하물과 배만 아니라 우리 생명에도 타격과 많은 손해를 끼치리라 하되 백부장이 선장과 선주의 말을 바울의 말보다 더 믿더라 … 바울이 가운데 서서 말하되 여러분이여 내 말을 듣고 그레데에서 떠나지 아니하여 이 타격과 손상을 면하였더라면 좋을 뻔하였느니라 내가 너희를 권하노니 이제는 안심하라 너희 중 아무도 생명에는 아무런 손상이 없겠고 오직 배뿐이리라 내가 속한 바 곧 **내가 섬기는 하나님의 사자가 어제 밤에 내 곁에 서서 말하되** 바울아 두려워하지 말라 네가 가이사 앞에 서야 하겠고 또 하나님께서 너와 함께 항해하는 자를 다 네게 주셨다 하였으니 그러므로 여러분이여 안심하라 나는 내게 말씀하신 그대로 되리라고 하나님을 믿노라 그런즉 우리가 반드시 한 섬에 걸리리라 하더라

여기에서도 바울은 처음에 내적 직감으로 이번 항해에 큰 피해가 있을 것을 인도를 받았습니다. 그러나 그의 의견이 무시된 채 항해는 시작되었고 여지없이 폭풍을 만나게 되었습니다.

우리는 보통 상황이 절박할수록 더욱 하나님의 인도를 구하게 됩니다. 그리고 감사하게도 하나님께서는 우리가 갈망하는 것에 대해 반드시 말씀해 주십니다. 예전에 중국 지하 교회 성도들의 간증을 접한 적이 있는데, 그들이 목숨을 걸고 신앙생활하는 가운데 우리와는 다른 차원의 성령 인도를 받는 것을 볼 수 있었습니다. 그들은 자기들 사이에 밀고자가 있는 것으로 의심되는 상황에서는 다음에 함께 모여서 예배할 시간과 장소를 말하지 않는다고 합니다. 그래서 각자 성령 인도를 받고 모이는데, 놀랍게도 정확하게 같은 시간과 장소에 모이는 일들이 일어난다고 들었습니다. 지금 우리는 그냥 정해서 자유롭게 만나면 되기 때문에 그런 일이 일어날 필요는 없습니다. 그러나 그들은 그만큼 절박하고 어려운 가운데 있기 때문에 하나님의 음성에 더욱 예민하게 되고 그러한 역사를 경험하는 것입니다.

위의 본문 말씀에서도 모든 승객의 생명이 위협받는 절박한 상황이 되자, 하나님께서는 간밤에 바울을 통하여 그들이 모두 살게 될 것임을 알려 주십니다. 사실 바울은 자신의 사명을 알고 있었기에 자기가 죽지 않으리라는 것을 알고 있었을 것입니다. 그러나 하나님께서는 바울에게 계시를 주셔서 배에 있는 모든 사람들의 안위까지 보증하셨습니다.

바울은 자신이 받은 계시에 대해서 "내가 섬기는 하나님의 사자가 어제 밤에 내 곁에 서서 말하신 것"이라고 합니다(23절). 물론 실제로 천사가 눈앞에 나타나서 그 말을 했을 수도 있습니다. 그러나 앞의 장에서 보았듯이 영적인 꿈 또한 계시를 담당하는 천사의 사역이므로, 그가 간밤에 꿈을 통해 계시를 받았다고 볼 수도 있을 것입니다.

바울은 하나님께서 주신 말씀으로 인해 담대하게 사람들에게 권면하고 그들을 위로할 수 있었습니다. 물론 그들도 처음부터 전적으로 믿지는 않았을 것입니다. 그러나 이후 바울의 말대로 모든 일이 정확하게 이루어졌고, 그 결과 많은 영혼들이 구원을 얻게 되었다고 성경은 기록하고 있습니다.

지금까지 성경에 나타난 영적인 꿈의 예들을 몇 가지 살펴보면서, 구약과 신약 모두에서 영적인 꿈은 하나님께서 그의 사람들에게 말씀하시는 중요한 통로임을 확인하였습니다.

물론 우리가 하나님의 인도를 받는 통로는 영적인 꿈 외에도 다양하고, 특별히 내적 직감이 가장 우선적이고 기본적인 인도 방법이며 가장 발전시켜야 할 통로라고 강조한 바 있습니다. 또한 아직 혼이 새로워지지 않은 초신자들의 경우에는 영적인 꿈을 통해 온전히 인도받기가 어려울 수도 있습니다.

그러나 우리가 말씀 안에서 지속적으로 성장하고 영적인 꿈의 올바른 해석과 적용 방법을 배운다면, 우리가 하나님과 소통할 수 있는 시간과 범위가 확장됨으로써 더욱 풍성하고 강력한 하나님의 능력과 인도 가운데 살아갈 수 있을 것입니다.

  영적인 꿈으로 인도받는 것 또한 하나님께서 당신에게 주신 선한 일입니다. 믿고 기대하고 취하십시오. 모든 것은 당신이 붙잡는 만큼 당신에게 실재가 될 것입니다.

제 6 장

성령 인도를 방해하는 것들

"모든 지킬 만한 것 중에 더욱 네 마음heart을 지키라 생명의 근원이 이에서 남이니라"(잠 4:23) 이와 같이, 우리가 살아가면서 맺는 모든 열매는 우리의 심령에서 비롯됩니다. 또한 우리가 그리스도 안에서 새로운 피조물로서 받은 모든 좋은 것들이 들어 있는 곳도 바로 우리의 심령입니다. 그러므로 우리의 영을 잘 관리하는 것이 승리하는 삶을 사는 비결이라 하겠습니다.

그렇다면 우리의 영을 오염시켜서, 우리가 하나님의 음성을 듣고 성령으로 인도받는 것을 방해하는 요소는 무엇일까요?

용서하지 않는 마음

막 11:24-25
그러므로 내가 너희에게 말하노니 무엇이든지 기도하고 구하는 것은 받은 줄로 믿으라 그리하면 너희에게 그대로 되리라 서서 기도할 때에 아무에게나 혐의가 있거든 용서하라 그리하여야 하늘에 계신 너희 아버지께서도 너희 허물을 사하여 주시리라 하시니라

용서하지 않는 것은 하나님의 성품이 아닙니다. 상대가 얼마나 잘못했든지 상관없이 무조건 용서하는 것이 하나님께서 우리에게 제시하신 유일한 방향입니다. 내가 왜 그 사람을 용서할 수 없는지에 대해 자꾸 생각할 필요가 없습니다. 어차피 빨리 용서해야 하기 때문입니다. 그러므로 지혜로운 자는 최대한 상대를 이해하고 용인하는 방향으로 사건에 접근하고, 부정적인 감정은 빨리 털어버립니다. 위의 성경 말씀에서도 말하듯이 누구에게든 거리낌을 가지면 우리의 영이 어둡게 되고, 우리로 하여금 의인으로서 하나님께 담대하게 구하지 못하도록 방해합니다.

게다가 우리에게는 이미 하나님의 아가페 사랑이 부어져 있습니다. "우리에게 주신 성령으로 말미암아 하나님의 사랑이 우리 마음에 부은 바 됨이니"(롬 5:5) 하나님께서는 구약 시대의 율법에 속한 자들에게는 원수를 사랑하라는 계명을 주지 않으셨습니다. 죄의 본성을 가진 자들에게는 그런 능력이 없기 때문입니다. 그러나 우리에게는 원수를 사랑하라는 말씀을 주셨습니다. 우리는 새로운 본성과 아가페 사랑을 가지고 있으므로,

충분히 그러한 사랑을 행할 능력을 가지고 있습니다.

그러므로 아무리 억울한 일을 당했다 하더라도 우리는 용서하기로 결단해야 합니다. 우리가 도저히 용서할 수 없는 사람은 아무도 없습니다. 단지 자기에게 용서할 능력이 있다는 사실을 모르고 있거나, 또는 용서하고 싶지 않은 감정을 꽉 붙잡고 있을 뿐입니다.

자신이 새로운 피조물인 것과 새로운 본성을 받은 사실을 안다면, 결단하고 발걸음을 떼십시오. 먼저 내 입으로 이렇게 말하기 시작하십시오. "나에게 하나님의 사랑이 부은 바 되었다. 나에게는 누구든지 용서할 수 있는 능력이 있다. 하나님, 나는 이제부터 그 사람을 용서하겠습니다. 예수님의 이름으로 그를 축복합니다!" 이것을 당신의 고백으로 삼으십시오. 그렇게 할 때 내 안에서 사랑이 흘러 나와 역사하게 됩니다. 처음에는 당연히 그런 마음이 생기지 않을 것입니다. 그러나 지속적으로 결단하고 고백할 때, 우리 안의 새로운 본성이 활성화되어 마침내 나의 감정이 나의 고백과 일치하는 때가 올 것입니다.

용서라는 주제가 나오면 항상 생각나는 한 목사님의 간증이 있습니다. 현재 말씀 교사로서 사역을 잘 감당하고 계신 미국인 목사님이십니다. 그분께서 젊어서 예수님을 떠나 살던 때였습니다. 당시 부인과 이혼하게 되었는데, 이유인즉슨 부인이 다른 사람도 아닌 자신의 가까운 친구와 외도를 한 것이었습니다. 당시 그 목사님이 느낀 분노와 배신감이 어느 정도였을지 상상할 수 있으시겠습니까? 그때 두 사람은 목사님을 피해서 도망을 가고, 목사님은 술로 세월을 보내면서 두 사람을 만나기만 하면 죽이겠다고 다짐하셨다고 합니다.

   시간이 흘러 목사님은 예수님을 제대로 만나 변화되셨고, 지금의 사모님을 만나 재혼도 하셨습니다. 그러던 어느 시기에, 이제는 그들을 용서하고 이 문제를 해결하고 넘어가야 한다는 것을 심령으로 알게 되셨습니다. 정말로 하고 싶지 않아서 하나님 앞에서 부인하기도 했지만, 그럴수록 영의 신호를 더욱 분명히 감지할 수 있었습니다. 그래서 처음에는 이렇게 기도하셨다고 합니다. "하나님, 제가 그들을 축복합니다. 하지만 제 진짜 마음은 주님이 아십니다." 이런 기도라도 지속적으로 선언했는데, 어느 때인가부터 정말로 자신 안에서 미움과 증오가 사라져가는 것을 발견하게 되었다고 합니다. 그러다 어느 순간 정말로 완벽한 용서를 하게 되었고, 지금은 두 커플이 가장 가까운 친구로서 크리스마스 파티를 함께 하는 사이라고 합니다.

   우리에게 하나님의 사랑이 부어졌으므로 이런 일이 가능합니다. 우리가 억울하다고 느끼는 여러 일들이 있지만, 사실 예수님의 억울함에 비할 것이 무엇이 있겠습니까? 예수님은 아무런 잘못이 없으면서도 비난 받고 죽임 당하셨습니다. 그럼에도 그분은 우리 모두를 용서하셨을 뿐만 아니라, 자신의 죽음을 통하여 우리에게 새로운 생명과 본성을 주셨습니다.

그리고 이제 그리스도의 그 사랑이 우리 안에 있습니다. 그 사랑을 막힘없이 흘려보낼 때 우리의 영이 항상 맑은 상태로 하나님과 원활하게 소통하고, 또한 하나님께서 우리에게 주신 영적인 영향력을 온전히 발휘할 수 있을 것입니다. "서서 기도할 때에 아무에게나 혐의가 있거든 용서하라 그리하여야 하늘에 계신 너희 아버지께서도 너희 허물을 사하여 주시리라 하시니라" 이것이 영적인 원리입니다. 우리가 스스로의 심령을 깨끗하게 유지하면, 기도 응답이나 믿음의 역사가 더욱 활발해지고 더 많은 영향력을 발휘하며 능력있게 살아갈 수 있게 됩니다.

서로 사랑하지 않음

이는 위에서 다룬 용서하지 않는 마음과 같은 맥락입니다. 하나님의 생명은 사랑을 따라 흘러가므로, 우리가 사랑으로 행할 때 하나님의 역사와 인도하심이 우리를 통해 막힘없이 나타날 것입니다.

> 벧전 3:8-9
> 마지막으로 말하노니 너희가 다 마음을 같이하여 동정하며 형제를 사랑하며 불쌍히 여기며 겸손하며 악을 악으로, 욕을 욕으로 갚지 말고 도리어 복을 빌라 이를 위하여 너희가 부르심을 받았으니 이는 복을 이어받게 하려 하심이라

악을 악으로 대항해서는 결코 이길 수 없습니다. 오히려 더 어두워질 뿐입니다. 우리는 빛이며 어두움을 쫓아내는 자입니다. 우리 안에 이미 부어진 아가페 사랑을 인식하고 풀어놓기만 하면 그 사랑은 끊임없이 무한하게 흘러갈 수 있습니다. 서로 사랑하는 것만이 그 하나님의 능력이 우리 삶 가운데 강력하게 역사하게 하는 열쇠입니다.

"이를 위하여 너희가 부르심을 받았으니 이는 복을 이어받게 하려 하심이라"(9절) 이와 같이 하나님의 자녀들은 사랑으로 기능하도록 부르심을 받았습니다. 그렇게 할 때 하나님께서 우리를 향해 약속하신 축복이 단지 약속으로 그치는 것이 아니라 우리 각자의 삶을 통해 실재가 될 것입니다.

염려

염려는 불신앙과 어둠에서 비롯되는 것입니다. 우리는 자신을 믿음의 영역에 놓을 수도 있고 불신앙의 영역에 놓을 수도 있습니다. 그리고 당연하게도 이 중 믿음의 영역에 있을 때 성령의 역사가 강력하게 역사할 수 있습니다. 그러나 반대로 우리가 염려를 받아들임으로써 어둠을 불러들인다면, 그만큼 우리의 삶에서 성령의 역사가 제한받게 됩니다.

벧전 5:7
너희 염려를 다 주께 맡기라 이는 그가 너희를 돌보심이라

성경은 주님께서 우리를 돌보시므로 그분께 모든 염려를 맡기라고 말하고 있습니다. 그리스도인에게 있어 염려는 안 하면 좋은 것 정도가 아니라, 결코 해서는 안 되는 것입니다. 우리가 어떤 일에 대해 염려하기 시작하는 순간, 그 문제를 하나님이 아닌 악한 자의 손에 내어주는 것과 같습니다. 왜냐하면 염려는 어둠이 들어오는 발판이기 때문입니다.

염려하지 않는 것도 용서하는 것과 마찬가지로 먼저 스스로의 결단이 있어야 합니다. 어떠한 것에 의해서도 마음의 평안을 빼앗기지 않겠다고 결단하고 연습한다면, 실제로 그런 삶을 사는 것이 가능합니다.

데이브 로버슨 목사님은 제가 만난 사람 중 가장 평강을 누리고 사시는 분이었습니다. 그분이 누리는 평강이 어느 정도인지 단적으로 알려주는 사건이 있습니다. 한번은 목사님의 집에 불이 나는 사고가 있어, 사역자들이 걱정이 되어 찾아갔습니다. 그런데 목사님은 그 와중에도 전혀 평강을 잃지 않고 그들에게 커피를 대접하면서 농담을 건네셨고, 그 모습에 다른 사역자들은 놀라움을 금치 못했다고 합니다. 이와 같이 우리는 어떤 상황에서도 하나님의 평강 가운데 거할 수 있는 특권을 가졌습니다.

그러나 아직 하나님께 염려를 다 맡기기가 어렵다면, 그 문제를 놓고 기도로 해결하십시오. 계속 문제에 대해서 말하면서 걱정한다고 해서 변하는 것은 없습니다. 고무공이 바닥에 떨어지면 그 힘을 추진력삼아 다시 하늘로 튕겨 올라가듯이, 염려를 기도의 기회로 삼아 영의 모드를 바꾸고 믿음의 기도를 시작한다면 반드시 하나님께서 예비하신 해답을 얻게 될 것입니다.

정죄감

새로운 피조물로서 온전하게 살기 위해서, 우리는 그리스도 안에서 우리에게 주어진 '의'에 대해 정확하게 알아야 합니다. 하나님께서 우리에게 새로운 본성을 주시고 우리를 의인으로 만들어 주신 것을 알면, 어떤 실수나 연약함이 있다하더라도 언제든지 털고 일어나서 하나님께 나아갈 수 있습니다. 그러나 이런 것을 알지 못하면 하나님 앞에서 담대할 수 없고, 늘 반복되는 실수로 인해 정죄감의 문제를 안고 살게 될 것입니다. 하나님에 대해 이런 거리낌이 있는 상태에서는, 그분의 음성을 제대로 듣기가 어려우며 듣더라도 잘못 해석하기 쉽습니다.

새로운 피조물의 계시까지는 이르지 못했더라도, 예수님의 십자가의 완전성을 믿는다면 예수님께서 우리의 과거의 죄는 물론이거니와 현재와 미래의 모든 죄까지도 대속하신 것을 믿어야 합니다. 이는 치유를 받아들이는 것과 같은 이치입니다.

우리가 "예수께서 채찍에 맞으심으로 내가 나음을 입었다"(벧전 2:24)라는 말씀을 믿을 때, 그 믿음은 단지 과거의 질병에만 국한된 것이 아닙니다. 언제든지 질병의 증상이 나타날 때마다 우리는 이 진리를 붙잡고 치유를 취할 수 있으며, 심지어 미래의 질병에 대해서도 믿음을 발휘함으로 신성한 건강을 누릴 수 있습니다.

어떤 그리스도인들은 자신이 저지르는 잘못에 대해 수시로 회개하고 용서를 받아야만 구원을 받는다고 생각하여, "알고 지은 죄, 모르고 지은 죄" 하나하나에 대해 끊임없이 회개 기도를 합니다. 심지어 지은 죄를 미처 회개하지 못하고 죽은 그리스도인은 과연 천국에 갈 수 있을지 궁금해 하기도 합니다. 그러나 예수 그리스도께서 십자가에서 이루신 속죄는 완벽했습니다. 과거와 현재의 죄는 물론 미래에 지을 죄까지, 우리의 모든 죄에 대한 용서는 이미 다 이루어졌습니다.

그런데 놀랍고 감사하게도, 하나님께서는 단지 죄를 용서하는 정도에서 머물지 않으셨습니다. '우리는 죄인이지만, 모든 것이 용서되었으니 언제든지 용서를 취하고 자유를 누리라' 라는 것도 참으로 감사하지만, 이는 아직 온전한 계시가 아닙니다.

하나님께서는 우리로 하여금 예수의 죽으심과 부활에 동참하게 하셔서, 우리의 본성 자체를 새롭게 하셨습니다. 이제 거듭난 그리스도인은 "구원받은 죄인"이 아니라 "의인"입니다. 죄를

성령 인도를 방해하는 것들

지어서 죄인이 된 것이 아니라 본성이 죄인이라서 죄를 지을 수 밖에 없었듯이, 이제 의인의 본성을 가진 우리는 죄와 아무 상관이 없는 자이며 죄를 짓지 않을 능력을 가진 자입니다.

요일 1:9
만일 우리가 우리 죄를 자백하면 그는 미쁘시고 의로우사 우리 죄를 사하시며 우리를 모든 불의에서 깨끗하게 하실 것이요

많은 그리스도인들이 위 말씀을 회개 기도의 근거로 삼습니다. 즉 그리스도인들이 죄를 짓는 것은 당연하되, 그 죄를 자백하면 용서해 주신다는 것입니다. 그러나 이는 위 말씀의 뜻을 온전히 이해한 것이라고 보기 어렵습니다.

요한일서는 요한 사도가 영적으로 거의 완성된 노년의 시기에 성도들을 향해 쓴 글로서, 어린 자녀, 청년, 아비 등 각각의 영적 성장 단계에 처한 사람들을 향한 권면을 담고 있습니다.

특히 대부분은 어린 자녀들에게 주는 말로서, 죄에 대한 내용도 그러한 맥락에서 언급됩니다. 즉 "하나님께로부터 난 자들은 하나님의 씨가 그의 속에 거하기 때문에 죄를 짓지도 않고 지을 수도 없지만"(요일 3:9), 영적으로 어린 자들은 아직 육신과 생각에 남아 있는 죄의 습관을 완전히 벗지 못했으므로, 혹시 잘못을 저질렀을 때 그것을 새로운 피조물로서 어떻게 다루어야 할지 알려 주고 있는 것입니다. 말씀을 이어서 더 보겠습니다.

요일 2:1

나의 자녀들아 내가 이것을 너희에게 씀은 너희로 죄를 범하지 않게 하려 함이라 만일 누가 죄를 범하여도 아버지 앞에서 우리에게 대언자가 있으니 곧 의로우신 예수 그리스도시라

사도 요한이 위의 1:9에 이어서 어린 자녀들에게 말씀하시기를, 이 글을 쓰는 진짜 목적은 "너희가 죄를 범하면 용서를 구하게 하려" 함이 아니라, "너희가 죄를 범하지 않게 하려" 함이라고 말하고 있습니다.

그러나 만약 죄를 짓더라도 우리는 하나님 앞에 담대할 수 있는데, 바로 의로우신 예수 그리스도께서 우리의 변호인이 되시기 때문입니다.

위의 1절 후반부 말씀도 새로운 피조물의 관점에서 정확한 그림을 그릴 필요가 있습니다. 많은 그리스도인들이 가진 그림은, 심판자이신 하나님 앞에 우리가 죄인으로 서면 예수님께서는 그 중간에서 우리를 위해서 "하나님, 제가 이 사람을 위해 죽었으니, 이 사람의 죄를 제발 용서해 주세요."라고 변호하시는 장면입니다. 그러나 성경은 그렇게 말하지 않습니다.

킹제임스 성경에서는 위의 구절을 "만일 누가 죄를 지으면 우리에게 **아버지와 함께 있는 한 변호인이 있으니**, 곧 의인이신 예수 그리스도시라if any man sin, we have **an advocate with the Father**, Jesus Christ the righteous."라고 적고 있습니다. 즉 예수께서는

성령 인도를 방해하는 것들

하나님의 심판을 막기 위해 우리를 변호하시는 것이 아니라, 하나님으로부터 우리를 위한 변호인으로 고용되셔서 아버지와 함께 우리를 변호하시는 것입니다.

그렇다면 우리의 반대편에서 우리를 고소하는 자는 누구일까요? 일차적으로는 사탄이라고 볼 수 있을 것입니다. 그러나 이것도 정확한 답은 아닙니다. 이제 사탄은 하나님의 법정에서 우리를 직접적으로 고소할 권리가 없습니다. 예수님께서 십자가에서의 죽음과 부활을 통해 이루신 완벽한 승리로 인해 사탄은 완전히 패배하고 무장해제 되었기 때문입니다. 물론 욥기와 같은 구약 구절에는 사탄이 하나님 앞에서 하나님의 사람을 고소하는 장면이 나옵니다. 그러나 그것은 예수님께서 오시기 전의 일입니다. 이제 사탄은 하나님 앞에서 그리스도인들을 정죄할 권세가 없으며, 하나님은 그분의 법정에서 더 이상 사탄의 존재를 의식하지도 인정하지도 않으십니다. 그럼에도 불구하고 우리가 정죄감을 느끼는 이유는, 우리 자신이 사탄에게 속거나 말씀을 잘 알지 못함으로 인해 스스로를 정죄하기 때문입니다.

그러나 우리가 스스로를 정죄하고 고소할 때, 예수님께서는 본인이 이루신 사역과 말씀을 증거로 제시하시면서, 우리가 어떻게 하나님 앞에서 담대할 수 있는지 변호하실 것입니다. 그래서 우리가 그리스도 안에서 내가 누구인지 인식하고, 돌이켜서 하나님께 잘못을 자백하면, 하나님께서는 의롭고 미쁘셔서 우리를 용서하시고 불의에서 깨끗케 하십니다.

사실 하나님께서는 이미 다 하셨습니다. 이미 우리의 모든 죄를 용서하셨고, 우리를 의인으로 다시 태어나게 해 주셨습니다. 그럼에도 불구하고 하나님께서 굳이 회개 기도에 대한 약속을 하신 이유는, 아직 의에 대한 의식이 약한 '어린 자녀'들이 잘못을 저질렀을 때, 이 말씀을 붙잡고 마음을 새롭게 하여 하나님 앞에 담대하게 나올 수 있게 하신 것이라 볼 수 있습니다.

아직 영적으로 미성숙한 사람들은 실수할 수 있습니다. 그러나 그렇다고 해서 우리가 의인이라는 사실이 변하는 것은 아닙니다. 갓 태어난 아기들이 사람 구실을 제대로 하지 못한다고 해서, 그들이 사람이 아닌 것은 아니듯 말입니다.

어떤 사람이 자기에게 나타난 질병의 증상을 보고 "어, 안 낫네? 하나님의 치유는 나한테는 안 일어나나봐."라고 말한다고 해서, 예수님께서 이루신 일이 무효가 되는 것은 아닙니다. 다만 그가 믿음의 영역으로 들어가지 못하고 스스로 낮은 수준의 계시에 머물러 있는 것뿐입니다. 마찬가지로, 내가 현상적으로 반복하여 죄를 짓는다고 해서, 하나님께서 주신 의의 본성이 다시 죄의 본성으로 바뀌는 것은 아닙니다. 우리에게는 새로운 생명, 즉 하나님과 같은 본성과 능력을 가진 생명이 있습니다. 우리는 죄를 짓지 않을 능력이 있습니다. 그 사실은 변하지 않습니다.

다만 우리가 이러한 의의 말씀으로 단련되고 그 말씀에 능숙한 자가 되면, 비로소 어린 아이의 수준에서 벗어나 새로운 피조물로서 온전하게 살아가게 될 것입니다. 그것이 죄로부터 자유하다는 말씀의 참 의미입니다. 단지 용서받아서 자유로운 것이 아닙니다. 하나님께서는 우리가 죄의 영향을 전혀 받지 않는 삶을 살도록 완벽하게 예비하셨습니다!

하나님의 성품에 대한 무지

하나님과 나의 관계와 하나님 앞에서 나의 위치에 대해서 바르게 알아야 하는 것과 마찬가지로, 우리는 하나님이 어떤 분이신지를 잘 이해해야 합니다. 흔히 예언 사역자들이 실수하는 부분이 이것입니다. 하나님께서 부정적인 미래를 보여 주실 때 그분의 의도는 우리로 하여금 예방하고 방지하게 하려는 것인데, 하나님을 사랑의 아버지가 아닌 심판자로 인식하는 분들은 '이것은 하나님께서 정하신 일이다. 심판하실 것이다. 치실 것이다.' 라고 해석하여 메시지를 왜곡하는 경우가 적지 않습니다.

육신적인 부모와의 관계에서도, 부모와 건강하고 친밀한 관계를 맺으며 성장한 자녀는 부모의 성품과 의도와 뜻을 잘 알게 됩니다. 그러므로 우리도 하나님의 성품과 그분 앞에서 나의 위치를 올바르게 이해하고 그리스도를 아는 지식 가운데 성장할 때, 하나님의 인도를 잘 받고 승리하는 삶을 살게 될 것입니다.

고정관념

 우리 교회에서는 양육반 과정의 첫 시간에 '진리를 받아들이는 데 방해가 되는 생각들'에 대해서 다룹니다. 대표적인 것이 바로 "율법(종교)적인 생각", "도덕적인 생각", "세상의 이론들"입니다. 하나님의 진리의 말씀에 반대되는 이러한 생각들로 고정관념이 형성되면, 그것이 우리 삶에서 하나님의 역사와 축복이 일어나지 못하도록 방해하게 됩니다.

 누군가 '그리스도인은 돈을 멀리하고 가난하게 살아야 한다'라는 생각을 가지고 있다면, 하나님께서 아무리 만물의 주인이시라 해도 그의 생각 수준 이상으로는 축복하실 수가 없을 것입니다. 방언이나 치유 등 다른 분야도 마찬가지입니다. 하나님께서는 다양한 분야에서 우리를 더 크게 축복하고 더 높은 수준으로 인도하기 원하시지만, 우리가 여러 가지 경험과 이론, 특별히 율법적인 사고방식으로 생각을 고정하고 하나님께 틈을 내어드리지 않는다면 하나님께서도 강제적으로 역사하시기는 어렵습니다.

 그러므로 **우리는 항상 진리 앞에 열린 심령을 유지해야 합니다.** 이전에 알지 못했던 새롭고 도전적인 메시지가 제시될 때, 사도행전의 베뢰아 사람들처럼 우선 전심으로 말씀을 받고 그 말씀이 맞는지 성경을 상고한 후, 그것이 말씀에 일치한다면 기존의 내 생각을 말씀에 맞추어 바꾸어야 합니다(행 17:11-12).

특히 율법적인 사고를 가진 사람들은 행위 자체에 집중하여 본질을 놓치는 경우가 많습니다. 새로운 계시가 일어나면 자연히 그에 따른 현상이나 행위가 나타나게 되는데, 그런 것을 접할 때 그 바탕에 있는 메시지가 무엇인지 살피기보다는 "저건 뭔가 이상해. 저런 일을 해도 괜찮은 건가?"라며 눈에 보이는 것 자체로 판단하려 하는 것입니다.

예를 들어, 피아노 반주에 맞춰 조용히 자리에 앉아서 찬송가를 부르던 사람에게는 현대식 악기 반주에 뛰고 박수치면서 찬양하는 모습이 너무나 낯설고 심지어 세상적으로 보이기까지 할 것입니다. 그러나 성경에서 말하는 참된 찬양의 의미와 태도가 무엇인지 따져 보지 않고, "교회 찬양은 이래야 한다"라는 고정관념의 잣대로 새로운 형태를 판단하고 거부한다면, 그 사람은 더 자유롭고 깊이 있는 찬양과 임재의 경지를 경험하기 어려울 것입니다.

세상적인 사고방식도 우리가 다루어야 할 대상입니다. 특별히 이 세상에 살다보면 돈이 우리 삶의 방향을 결정하게 하는 함정에 빠지기 쉽습니다.

세상에서는 한 사람의 선택 범위가 돈에 의해 결정됩니다. 돈이 있으면 큰 집에 살고 없으면 작은 집에 살고, 또 돈이 있으면 좀 더 좋은 것을 사고 없으면 덜 좋은 것을 사는 것을 당연하게 생각합니다. 그러나 저는 성도들에게 "돈이 없어서 못 한다."라는 생각을 하지 말라고 말합니다. 그것이 나에게 꼭 필요하고 해야 하는 일이라면 돈은 문제가 되지 않습니다.

  물론 분에 넘치게 사치하고 낭비하라는 의미는 아닙니다. 중요한 것은 고정관념을 깨는 것입니다. 돈이 없어서 할 수 없다는 생각이 오히려 하나님께서 우리를 축복하시는 길을 막을 수 있습니다. 하나님은 내가 어떤 그림을 그리고 있느냐에 따라 응답하시게 됩니다. 그런데 스스로 "이건 돈이 없어서 못 해."라고 단정 짓는다면 하나님께서도 어찌하실 수 없습니다. 만약 그분께서 우리를 어떤 방향으로 인도하셨다면 거기에 필요한 자원들도 당연히 채워주심을 인식하고 기대해야 합니다. 단순히 돈을 목적으로 삼는 삶뿐만 아니라, 돈이 있고 없음에 따라 모든 일의 실현 가능성을 결정하는 것도 돈의 종이 된 삶입니다.

  저는 사역 초반에 그 부분에 대해 다룸을 받았습니다. 더 이상 문제는 돈이 아니라, 하나님께서 그렇게 하도록 인도하시는가 아닌가의 여부입니다. 하나님께서 교회를 개척하라는 지시를 하셨다면, 지금 개척할 돈이 있느냐 없느냐는 문제가 되지 않습니다. 갑자기 특별헌금을 해야겠다는 감동이 왔더라도, 이것저것 지출해야 할 일들을 따지기 시작하면 기꺼이 드리기가 어려워집니다. 하나님께서 감동을 주실 때는 그 일을 할 수 있는 길도 예비하고 계신 것입니다. 하나님을 신뢰하고, 이런 작은 부분에서부터 고정관념을 깨는 것이 성령 인도를 온전히 받는 데에 많은 도움이 됩니다. 성령 인도를 잘 받기 위해서 이러한 바탕을 마련하는 것이 가장 중요합니다.

지금까지 우리가 하나님의 영으로 인도받는 것을 방해하는 요소들에 대해 알아보았습니다. 언제나 중요한 것은 중심heart 입니다. 항상 진리 앞에 열려 있는 겸손한 심령을 유지하고, 그리스도를 알고 또 그리스도 안에서 내가 누구인지를 아는 지식 가운데 성장한다면, 하나님께서는 당신을 최고의 계시, 최고의 삶으로 인도하실 것입니다.

제 7 장

성령 인도를 위한 영적 훈련

영을 훈련하기

　우리가 하나님의 음성을 잘 듣기 위하여 해야 할 일을 한 마디로 압축하면 "영을 훈련하라"라고 할 수 있습니다. 우리가 하나님과 교제하고 인도를 받는 것 모두가 결국은 우리의 영을 통해 일어나는 일이기 때문입니다.

　제 자신을 보더라도, 예전에는 지금에 비해 하나님의 말씀과 일치하지 않는 생각을 더 많이 가지고 있었기 때문에, 정확한 인도를 받기 위해서는 몇 시간 또는 며칠간 집중 기도를 해야만 했습니다. 그러나 그 동안 저의 영이 훈련되고 생각이 새로워짐으로 말미암아, 지금은 특별히 기도해보지 않아도 하나님의 인도가 무엇인지 정확히 알 수 있는 경우가 많습니다.

딤전 4:7-8

망령되고 허탄한 신화를 버리고 경건에 이르도록 네 자신을 연단하라 육체의 연단은 약간의 유익이 있으나 경건은 범사에 유익하니 금생과 내생에 약속이 있느니라

위의 본문 말씀은 우리에게 경건에 이르도록 스스로 훈련하고 연습하라고 말합니다. 여기에서 경건godliness이란 종교적인 행위나 율법에 능하다는 뜻이 아니라, 하나님의 방식으로 기능하는 것, 즉 새로운 피조물로서 온전히 기능하는 상태를 의미합니다. 이런 사람은 이 땅에서나 오실 하나님의 왕국에서나 하나님으로부터 높임을 받게 됩니다.

그렇다면 어떻게 우리의 영을 경건에 이르도록 훈련할 수 있을까요?

말씀 묵상

첫 번째로, 말씀을 묵상하는 것입니다. 일반적으로 묵상이라고 하면 조용히 눈을 감고 말씀을 깊이 생각하고 명상하는 것을 생각합니다. 그러나 성경에서 '묵상'이라고 번역된 히브리어 "하가hagah"는 '말씀의 뜻을 이해하고 설득되다', '작은 소리로 중얼거리다', '크게 포효하며 선언하다'라는 뜻을 가지고 있습니다. 즉, 받아들인 하나님의 말씀을 고백하고 선언함으로써 믿

음으로 취하는 것이 묵상의 과정인 것입니다. 실제로 작은 소리보다는 큰 소리로 기도하고 말씀을 고백할 때, 몰입도 더 잘 되고 영이 더 효과적으로 일어나는 것을 경험하셨을 것입니다. 크게 기도하기를 꺼려하고 작은 소리로만 기도하는 분들은, 대부분 기도할 때 육이나 혼의 모드에서 영적 모드로의 전환이 잘 이루어지지 않고 쉽게 잡생각이나 졸음에 빠지곤 합니다. 먼저 통성 기도와 말씀 선포를 통하여 영을 흔들어 깨우는 훈련이 이루어져야 말 그대로 조용히 묵상하는 기도를 하더라도 쉽게 임재 가운데 들어갈 수 있을 것입니다.

말씀 고백은 무엇보다 우리의 혼을 새롭게 하는 데 효과적입니다. 믿음은 들음에서 나므로, 말씀을 지속적으로 고백하면서 자신을 먹일 때 우리의 생각이 변화되고 심령에는 믿음이 세워지게 됩니다.

말씀을 행함

두 번째, **말씀을 실천**하는 것입니다. 성도들의 삶을 보면, 기도해서 하나님의 음성을 잘 들었으면서도 막상 그대로 행동하지 못하고 멈추는 경우가 있습니다. 성령의 인도는 세상의 법칙과는 다르며, 오히려 보이지 않는 것을 보이는 것으로 불러내는 믿음을 요구합니다. 그런데 안타깝게도 많은 그리스도인들이 믿음의 발걸음을 떼는 경험을 하지 못하고 있습니다. 이런 경우

하나님께서 예비하신 수많은 축복들을 자신의 삶에 실재로서 불러 오는 데 한계가 있을 수밖에 없습니다.

그러나 큰 믿음은 하루아침에 세워지지 않습니다. 물론 하나님께서는 우리에게 필요한 믿음을 이미 주셨지만(롬 12:3), 그것을 풀어내고 훈련하는 것은 우리의 몫입니다. 마치 근력운동을 통해 몸을 불려가듯이, 가볍고 작은 문제부터 단계적으로 훈련해가야 합니다.

> 요 14:21
> 나의 계명을 지키는 자라야 나를 사랑하는 자니 나를 사랑하는 자는 내 아버지께 사랑을 받을 것이요 나도 그를 사랑하여 그에게 나를 나타내리라

위의 구절에서 예수님께서는 계명을 지키는 자에게만 자신을 나타내 보이실 것이라고 말씀하십니다. 즉 우리가 말씀을 알더라도 그것을 행할 때 비로소 효과가 나타난다는 것입니다.

물론 말씀을 고백하고 묵상하는 것 자체도 중요하지만, 그 목적을 분명히 해야 합니다. 우리가 말씀을 고백하는 이유는 세상에서 긍정적인 고백을 하는 사람들처럼 단지 마음에 위로나 용기를 얻기 위해서가 아닙니다. 진리의 말씀 안에는 그것이 말하는 대로의 능력이 들어 있음을 믿기 때문에 말씀을 고백하는 것입니다. 즉 그 능력이 삶 가운데 실제로 나타날 수

있도록, 우리의 생각을 바꾸고 믿음을 세우기 위해 말씀을 고백하는 것입니다.

그러므로 말씀을 실제로 행하는 데 이르지 못한다면, 말씀을 아무리 많이 고백하더라도 삶에는 큰 열매가 없을 수 있습니다. 모든 그리스도인은 기록된 말씀이든 성령의 인도이든 하나님의 말씀대로 행하는 것을 훈련해야 합니다. 작은 것부터 의지적으로 행하면서 믿음의 근육을 키워갈 때, 하나님께서 우리 새로운 피조물을 향해 예비하신 초자연적인 축복을 날마다 풍성하게 누리게 될 것입니다.

말씀을 최우선에 둠

세 번째, **말씀을 최우선에** 두는 것입니다. 말씀이라고 하면 보통 성경을 생각하게 됩니다. 물론 성경은 하나님의 감동으로 된 것으로 그분께서 우리 성도들을 향해 주시는 메시지입니다. 그런데 구체적으로 들어가 보면, 성경의 모든 말씀이 지금 새 언약에 속한 우리에게 해당되는 것은 아닙니다. 각 시대와 대상에 따라 하나님의 구체적인 뜻과 계획이 다르기 때문입니다. 대표적인 예로 레위기에 언급되는 생활양식과 규례들은 당시 이스라엘 민족을 향한 것이지 지금 우리를 위한 것은 아닙니다. 마찬가지로 지금 새 피조물인 우리에게 과거의 율법은 효력이 없습니다. **그러므로 우리가 인식해야 할 하나님의 말씀이란,**

"하나님께서 그리스도 안에서 새로운 피조물을 향해 예비하신 계획과 뜻과 목적에 일치하는 생각과 말과 선언과 예언들"이라고 정리할 수 있습니다. 한 마디로 "새로운 피조물의 실재"에 대해 계시하는 말씀들인 것입니다.

딤후 3:16-17
모든 성경은 하나님의 감동으로 된 것으로 교훈과 책망과 바르게 함과 의로 교육하기에 유익하니 이는 하나님의 사람으로 온전하게 하며 모든 선한 일을 행할 능력을 갖추게 하려 함이라

하나님의 말씀은 우리를 온전케 하고, 우리로 하여금 선한 일을 행할 능력을 주시기에 조금도 부족함이 없습니다. 하나님의 말씀은 우리를 세우기도 하고 또 우리의 연약함을 드러내기도 하면서, 우리가 온전히 의인의 삶을 살 수 있도록 지도하십니다. 마치 어린 아기를 그가 가진 사람의 본성을 따라 '사람답게' 살 수 있도록 교육하고 양육하는 것과 같습니다.

시 138:2
내가 주의 성전을 향하여 예배하며 주의 인자하심과 성실하심으로 말미암아 주의 이름에 감사하오리니 이는 주께서 주의 말씀을 주의 모든 이름보다 높게 하셨음이라

주님께서는 그분의 말씀을 모든 이름보다 높게 하셨습니다. 그러므로 우리도 주의 말씀을 최우선에 두어야 합니다. 하나님의 말씀에는 어떤 문제라도 반드시 해결할 수 있는 생명과 능력이 충만하다는 것을 믿고, 우리는 삶의 모든 상황에서 가장 먼저 말씀을 의지해야 합니다.

하나님의 말씀을 최고의 권위에 두고, 말씀 안에서 새로운 피조물의 정체성과 권세와 능력에 대해 발견하여 그 진리에 생각을 일치시킬 때, 우리는 누구보다 강건한 영을 가지고 하나님의 인도를 잘 받는 사람이 될 수 있을 것입니다.

즉각적인 순종

네 번째, **영의 음성에 즉시 순종**하는 것입니다. 이는 말씀을 실천하는 것과 같은 맥락입니다. 우리가 하나님의 음성을 잘 듣는다 하더라도, 막상 순종해야 할 때 행동이 나타나지 않는다면 아무런 결과를 얻을 수 없습니다.

주위를 보면, 정확한 법칙은 아니지만, 보통 성령의 음성을 예민하게 잘 듣는 사람은 행동력이 약하고, 반대로 행동력이 강한 사람들은 성령의 세밀한 음성을 듣는 것에 약한 경향이 있습니다. 그럼에도 불구하고 끊임없이 우리에게 말씀하시고 인도하시는 하나님의 은혜가 얼마나 감사한지요.

성령의 인도를 구한 후에, 일단 음성을 들었다면 즉시 순종하십시오. 육신적으로는 하고 싶지 않은 일일 수도 있습니다. 때로는 실수할 수도 있습니다. 그러나 믿음으로 나아가는 길은 결과적으로 결코 실패가 없습니다.

방언 기도

다섯 번째, **방언 기도**입니다. 방언 기도가 우리의 영을 활성화시키는 효과적인 도구라는 사실은 너무나 잘 아실 것입니다.

유 1:20
사랑하는 자들아 너희는 너희의 지극히 거룩한 믿음 위에 자신을 세우며 성령으로 기도하며praying in the Holy Ghost

위의 말씀은 성령 안에서 기도하는 것, 즉 방언으로 기도하는 것이 곧 지극히 거룩한 믿음 위에 우리를 세우는 작업이라고 말하고 있습니다.

딤후 1:6
그러므로 내가 나의 안수함으로 네 속에 있는 하나님의 은사를 다시 불일듯 하게stir up 하기 위하여 너로 생각하게 하노니 우리 안에 이미 있는 하나님의 은사를 '불일듯 하게 한다' 즉, '휘젓는다stir up'라는 표현을 쓰고 있습니다. 다시 말해, 우리 안에 이미 성령님이 계시고 모든 능력이 주어져 있지만, 그것이 실제로 효과를 나타내기 위해서는 흔들어 깨워 움직여야 한다는 것입니다. 우리의 기도가 그런 작업이 되어야 합니다. 영은 잠잠하게 두고, 입만 움직이는 기도가 되어서는 안 됩니다. 믿음의 고백도 마찬가지입니다. 그것이 상황과 미래에 대한 참된 예언이 되기 위해서는 그 말에 우리 영의 능력과 믿음이 더해져야 합니다.

그래서 기도할 때, 혼으로 하는 기도보다는 방언 기도를 먼저 하는 것이 좋습니다(고전 14:15). 방언 기도를 통해 내 영을 흔들어 깨워 성령 충만한 상태로 충전한 후에, 성령께서 알려 주시는 기도 제목이나 말씀을 붙잡고 기도하면 더욱 효과적으로 기도할 수 있습니다.

경배 기도

여섯 번째, **경배**입니다. 경배는 하나님의 임재를 불러일으키는 기도입니다. 그러나 경배는 어떤 목적을 가지고 하는 것이 아닙니다. 하나님은 마땅히 경배 받으셔야 할 분이기시에 그분께 사랑과 감사를 표현하며 경배하는 것입니다.

요 4:23-24

아버지께 참되게 예배하는 자들은 영과 진리로 예배할 때가 오나니 곧 이 때라 아버지께서는 자기에게 이렇게 예배하는 자들을 찾으시느니라 하나님은 영이시니 예배하는 자가 영과 진리로 예배할지니라

하나님께서는 새 피조물이 일어나서 영과 진리로 경배할 때를 너무나 기다리셨습니다. 아담이 타락한 후에는 어느 누구도 하나님을 영과 진리로 경배할 수 없었습니다. 그러나 지금 우리는 거듭난 영으로 하나님 아버지와 언제든지 교통할 수 있습니다. 우리가 흔히 "주님의 보좌 앞으로 나아간다"라는 표현을 많이 쓰지만, 엄밀히 말해 이는 지금 우리에게는 맞지 않는 표현입니다. 우리는 이미 그분의 보좌 안에서 태어났으며, 동시에 그분의 보좌가 우리 안에 있기 때문입니다.

우리가 마음을 다해 하나님을 부르고 그분을 경배할 때, 하나님의 임재는 반드시 나타납니다. 그 임재는 우리의 안에서부터 밖으로, 즉 영에서 일어나서 혼과 육으로 점점 확장됩니다. 그래서 경배기도를 많이 하고 영적으로 성장하다보면 하나님의 임재를 육체로도 느끼게 되는데, 이런 상태를 "감각의 침례"라고 표현합니다. 감각의 침례를 경험한 사람은 언제든지 하나님의 임재를 즉각 감지하게 됩니다. 즉 비유적으로 말하자면 언제든지 쉽게 지성소로 들어가는 것입니다. 저의 경우도, 마치 비

행기가 이륙할 때 고도와 기압의 변화로 귀가 멍해지듯이, 영적인 모드로 들어갈 때 순식간에 기압이 바뀌는 것 같은 감각을 느끼곤 합니다. 하나님을 경배하고 영을 풀어내는 훈련을 많이 하면 할수록, 이와 같이 하나님의 임재가 구체적인 실재로 다가오는 것을 체험하게 될 것입니다. 그런 상태에서 지속적으로 경배한다면 그 임재는 더욱 강해져서 곁에 있는 사람들도 그것을 느낄 정도가 됩니다. 바로 당신이 하나님의 임재를 몰고 다니는 사람이 되는 것입니다.

> 엡 5:18-20
> 술 취하지 말라 이는 방탕한 것이니 오직 성령으로 충만함을 받으라 시와 찬송과 신령한 노래들로 서로 화답하며 너희의 마음으로 주께 노래하며 찬송하며 범사에 우리 주 예수 그리스도의 이름으로 항상 아버지 하나님께 감사하며

위의 성경 구절은 재미있게도 성령으로 충만한 상태를 술 취한 상태와 비교하여 말했습니다. 실제로 성령에 취해 있는 사람을 보면 술 취한 사람과 비슷해 보이기도 합니다. 그러나 둘 사이에는 큰 차이가 있습니다. 술에 취한 사람은 정신이 혼미하지만, 성령에 취한 사람에게는 성령의 지혜와 하나님의 임재가 충만합니다.

위 말씀은 이어서 성령 충만을 받기 위한 방법들을 열거합

니다. 시와 찬송과 신령한 노래로 서로 세우고, 심령을 다해 주께 노래하며 감사하라는 것입니다. 즉 주님을 경배하는 것이 성령 충만을 위한 중요한 방법임을 알 수 있습니다.

골 3:16 (한글킹제임스)
그리스도의 말씀이 모든 지혜로 너희 안에 풍성히 거하게 하되 시와 찬송과 영적인 노래로 서로 가르치고 권면하며 너희 마음속에서 은혜로 주께 노래하고

먼저 말씀이 우리 안에 풍성히 거해야 합니다. 기차가 철로를 따라 움직이듯이, 성령은 말씀을 따라 흐르기 때문입니다. 그리고 이어서 이 구절에서도 시와 찬송과 영적인 노래로 서로 가르치고 권면하고, 심령으로 주께 노래하라고 말하고 있습니다.

하나님은 경배 받기에 합당하신 유일한 분이십니다. 그분이 우리를 위해 이루신 일을 알면 알수록, 그분의 사랑을 알면 알수록, 우리는 전심으로 하나님을 경배하지 않을 수 없습니다. 우리가 부르는 찬양의 가사처럼 우리가 깨어 있는 동안, 마음과 뜻과 감정까지도 다 하여서 그분을 경배함이 마땅합니다. 그렇게 온전한 심령으로 하나님을 경배할 때, 하나님은 기꺼이 우리 가운데 자신을 충만히 나타내시고, 우리 삶에 실제로 살아 역사하실 것입니다.

하나님의 음성을 사모함

마지막으로, **듣기를 사모**하는 것입니다. 하나님께서는 갈급한 자의 갈증을 항상 채워주시는 분이십니다. 여기에서 갈급함이란 혼적인 요구 사항이 아니라, 영적인 갈망을 뜻합니다. 우리는 하나님의 방법이 최고의 길인 것을 믿기 때문에, 그 길을 따라 믿음의 영역에서 기능하기로 결단하고 주님의 음성을 갈망합니다.

> 잠 3:5-6
> 너는 마음을 다하여 여호와를 신뢰하고 네 명철을 의지하지 말라 너는 범사에 그를 인정하라 그리하면 네 길을 지도하시리라

> 약 4:8
> 하나님을 가까이하라 그리하면 너희를 가까이하시리라 죄인들아 손을 깨끗이 하라 두 마음을 품은 자들아 마음을 성결하게 하라

성령님은 하나님의 생명으로 기능하는 법을 가장 잘 아시는 분이시며 또한 우리가 그렇게 살 수 있도록 돕기 위해 오신 분이십니다. 성령의 인도를 받는 삶은 인간의 한계나 환경의 제한

에 상관없이 언제나 풍성하고 승리하는 삶입니다. 성령 인도를 받는 사람은 삶에 두려움이 없습니다. 무슨 일에든 항상 성령의 음성을 듣고 있다는 확신이 있기 때문입니다. 앞에서도 말씀드렸듯이, 저의 경우도 성령님께서 미리 메시지를 주시지 않은 채로 갑작스러운 일이 생겨 당황하는 경우는 없습니다. 항상 영적인 꿈을 비롯한 여러 통로를 통해서 제가 그 날의 예상치 않은 사건에 대해 방비할 수 있도록 미리 메시지를 주십니다.

얼마나 다양한 분야에서 광범위하게 성령님의 인도를 받을지는 성령님께 달린 것이 아니라 전적으로 나에게 달려 있습니다. 그러므로 우리가 맡기면 맡길수록 그분은 우리를 더 온전한 길로 인도해 주실 것입니다. 중요한 문제는 물론이거니와 사소하고 간단한 문제일지라도 성령님과 상의하는 것을 습관으로 삼는다면, 삶의 곳곳에서 우리가 생각지 못한 놀랍고 풍성한 열매를 체험하게 될 것입니다.

제 8 장

듣는 기도

　우리는 보통 기도 시간에 하나님께 드리고 싶은 말들을 일방적으로 쏟아냅니다. 그리고 그 과정에서 후련함을 느끼고 위로를 받기도 합니다. 저도 예전에는 교회에 기도하러 와서 밤새도록 따발총을 쏘듯이 할 말을 잔뜩 하고는, 아침이 되면 열심히 기도했다고 생각하며 집으로 돌아가곤 했습니다. 그러나 이것은 기도의 한 가지 면에 불과합니다. 기도는 일방이 아닌 양방향의 소통입니다. 성령님은 우리와 대화하기 원하십니다. 그분께 무언가를 아뢰었다면, 반드시 그에 대한 하나님의 말씀을 들어야 합니다.

　시 71:7 (한글킹제임스)
　내가 많은 사람들에게 기이한 사람처럼 되었으나 주는 나의 굳건한 피난처시라 주님께서는 우리가 그분을 의지함으로써, 세상 사람들과는 다른 기이하고 특별한 삶을 살기 원하십니다. 삶에서 남다른 성공과 번영의 증거들이 나타나고, 그를 통해 사람들이 "저 사람의 삶은 참 기이하다. 무언가 특별한 것이 있다."라고 인정하기를 원하시는 것입니다. 실제로 구약 성경에 나오는 믿음의 선배들은 그런 삶을 살았습니다.

그리고 이제 우리는 그들보다 더 특별한 존재가 되었습니다. 구약의 선배들은 죄인으로서 주님께 의지한 삶을 산 것이지만, 우리는 하나님과 같은 종류의 생명과 본성을 가진 의인으로 거듭났습니다. 게다가 하나님께서는 성령님을 보내 주셨습니다. 그분은 우리 안에 거하시면서 우리로 하여금 거듭난 생명과 본성을 따라 초자연적인 삶을 살 수 있도록 돕고 계십니다.

그러므로 성령님의 음성에 귀를 기울이고 그분과 동역해야 합니다. 우리는 믿음의 삶을 살기 위해 노력하지만, 그 믿음도 결국은 각자의 영적인 수준에 의해 제한을 받게 됩니다. 나름대로 큰 그림을 본다고 하지만, 성경을 통해 하나님께서 말씀하시는 그림은 그것보다 훨씬 더 큰 경우가 많습니다. 물론 우리는 단계적으로 성장하고 있습니다. 예를 들어 현재 내가 5단계에 머물러 있지만 7단계를 바라보고 나아가는 것도 믿음입니다. 그러나 성령의 인도를 받는다면 내 믿음으로는 도전할 수 없었던 10단계의 결과를 얻을 수도 있습니다. 이것이 바로 우리가 바라보는 초자연적인 삶입니다.

그러기 위해서 우리는 하나님의 음성을 듣는 시간Quiet Time을 가져야 합니다. 매일 이런 시간을 구별하는 것이 좋습니다. 우리의 신앙생활을 방해하는 큰 적 중의 하나가 바로 "분주함"입니다. 늘 무언가 할 일을 생각하면서 하나님의 음성을 들을 시간도 없이 바쁘게 살아간다면, 그것은 건강한 그리스도인의 삶이라고 보기 어려울 것입니다. 그래서 이번 장에서는 듣는 기도를 효과적으로 하기 위한 몇 가지 구체적인 방법들을 나누고자 합니다.

듣는 기도를 하는 방법

우선 하루 중 좋은 시간을 구별하여 하나님과 교제하고 그분의 음성을 들으십시오. 특별히 저녁보다는 **아침**이 좋습니다. 물론 각자의 생활 습관에 따라 다르겠지만, 대개 저녁 시간에는 이미 하루 종일 혼이 활동한 후이기 때문에 혼을 잠재우고 영적인 모드로 들어가기가 쉽지 않습니다. 반면 아침 시간은 아직 혼이 활발히 움직이기 전이므로, 상대적으로 혼을 잠재우는 과정을 길게 거치지 않고 바로 영을 깨우고 하나님의 음성을 듣기에 좋습니다. 그래서 실제로 영적으로 승리하는 많은 분들이 새벽 기도를 비결로 꼽는 것을 볼 수 있습니다.

장소는 어디든지 좋습니다. 앞서 언급했듯이 장소 자체에 능력이 있는 것이 아니라, 그곳에 있는 사람들이 만드는 영적인 분위기가 중요하기 때문입니다. 우리 자신이 성령님께서 거하시는 성전이므로, 편하게 기도할 수 있는 곳을 찾아 영을 풀어내면 바로 그곳에 하나님의 임재가 충만케 될 것입니다.

기도는 우선 **방언 기도로 시작**합니다. 하나님의 음성을 잘 듣기 위해서는 영적인 모드로 들어가는 것이 중요하므로, 방언 기도를 통해 먼저 영을 활성화합니다. 사실 방언 기도를 하기 시작하고 최소 30분 정도는 도망가는 혼을 끌어오는데 시간을 쓰기 일쑤입니다. 즉 잡념을 잠재우고 성령에 집중하기 위해 어느 정도 시간이 걸린다는 뜻입니다. 그러나 영으로 기도하는 훈련을 하면 할수록 그 시간은 줄어들고, 마침내 하나님의 임재를 원할 때 즉시 이끌어내는 경지에 이르게 됩니다.

그리고 앞에서도 언급했듯이 기도는 **큰 소리로** 하십시오. 통성 기도는 영을 풀어내는 효과적인 방법입니다. 방언을 한지 오래 됐지만 많이 활용하지 않고 간헐적으로 기도하시는 분들보다 정기적으로 큰 소리로 방언 기도를 하는 분들이 영을 더 잘 풀어내는 것을 볼 수 있습니다. 기도하다가 떠오르는 말씀이 있다면 고백하십시오. 그렇게 생각과 믿음을 합하여서 큰 소리로 기도를 내보내십시오.

일어나서 몸을 움직이는 것도 좋은 방법입니다. 찬양할 때 가만히 있는 것보다는 일어나서 손을 들거나 박수치고 뛸 때 임재 가운데 더 잘 들어가게 되는 것과 마찬가지입니다. 다른 사람들과 함께 기도하는 자리에서는 아무래도 남에 대한 배려나 예의 등으로 인해 마음껏 기도하기 어려울 수도 있습니다. 그러므로 개인적으로 가지는 기도 시간에는 몸짓이나 목소리 등 할 수 있는 다양한 방법으로 하나님께 마음껏 표현해 보십시오. **기름부음이 있는 찬양**을 듣는 것도 좋습니다. 찬양을 틀어 놓고 따라 부르기도 하고 춤도 추면서 임재 안에 녹아드십시오.

  이와 같이 밖으로 표현하고 표출하는 행동들이 우리의 영을 풀어내는 데 도움이 됩니다. 이런 식으로 일단 하나님 안에서 자유로운 교제와 임재의 맛을 보게 되면, 잠잠한 가운데에서도 성령님과 깊이 있게 교제하고 음성을 들을 수가 있습니다. 잘 훈련된 사람들은 몇 시간 동안 미동도 않고 임재 가운데 성령과 교제하기도 합니다. 그러나 다시 말하지만 활발히 영을 풀어내고 임재를 느끼는 감각을 발달시켜 왔기에 가능한 일입니다. 이런 과정을 거치지 않고 하나님의 임재가 충만하다는 것이 무엇인지 제대로 알지도 못하는 상태에서 무조건 듣는 기도를 하려 한다면, 세상에서 가장 건조한 시간을 보내다가 어느새 꾸벅꾸벅 잠이 들고 말 것입니다.

  영을 충분히 풀어내고 하나님의 임재가 충만해졌다면, 이제는 들어야 할 때입니다. 듣는 기도란 결국 임재 가운데에서 하나님의 음성을 기대하고 기다리는 것입니다. 이때 반드시 펜과 종이를 준비하십시오. 이것이 믿음의 행동입니다. 하나님께서 반드시 말씀하실 것을 믿기에 받을 준비를 하는 것입니다. 이러한 준비를 한 사람은 하나님께서 아무리 길게 말씀하시더라도 빠짐없이 전부 내 것으로 삼을 수 있을 것입니다.

그리고 조용히 영에 집중하면서 기다리십시오. 불을 꺼도 좋고 눈을 감아도 좋습니다. 잠잠히 방언을 읊조려도 좋습니다. 중요한 것은 집중과 경청입니다. 기다리다가 잠이 들더라도 괜찮습니다. 임재 가운데 잠이 들면 영적인 꿈으로도 말씀하실 수 있습니다. 통로는 다양합니다. 어떤 문제에 대해서 음성을 듣기 위해 기도를 한 후 자리에서 일어날 때에야 어떤 아이디어가 떠오르기도 합니다. 어떤 방식이든 매일 하나님의 음성을 듣고 인도를 받으며 사는 사람은 그렇지 않은 사람과는 비교할 수 없는 축복과 은혜 가운데 살게 될 것입니다.

때로는 듣는 기도를 했지만 아무 것도 안 들릴 수도 있습니다. 그래도 괜찮습니다. 성령님과 하나 되는 그 시간 자체가 우리에게 큰 유익이 됩니다. 기도 가운데 메시지를 받아도 좋지만 받지 못했다 하더라도 성령님을 향해 영적인 채널을 맞추는 시간을 자주 보내다 보면, 어느새 우리의 삶이 하나님의 시간표를 따라서 움직이고 있는 것을 발견하게 될 것입니다.

사 26:3
주께서 심지가 견고한 자를 평강하고 평강하도록 지키시리니 keep in perfect peace 이는 그가 주를 신뢰함이니이다

주를 경배하고 주께 집중하는 기도 시간을 갖는 이유는 그분을 신뢰하고 의지하기 때문입니다. 위의 구절은 주를 신뢰하는

자들은 평강하고 평강하리라고 말합니다. 원어에서는 '평강하고 평강하도록'이라는 부분을 "샬롬 샬롬"이라고 적고 있고, 그것을 영어킹제임스에서는 "완벽한 평강perfect peace"이라고 번역했습니다. 이 평강은 단지 마음의 평안을 이야기하는 것이 아니라 모든 분야에서의 형통prosperity을 포함합니다. 모든 것이 온전하기 때문에 내 마음이 평안한 상태, 그것이 바로 '샬롬'입니다. 이것이 주 안에서 뿌리를 내리고 주를 신뢰하는 자들에게 약속된 결과입니다.

성령님과 하나 됨으로써 구원의 우물들에서 물을 길으십시오(사 12:3). 하나님의 임재 가운데 그분이 우리에게 주신 보배들을 들여다보고 묵상하는 시간을 가지십시오. 누구나 성령의 인도를 온전히 받기 원합니다. 하지만 그러기 위해서는 그분과 함께 시간을 보내야 합니다.

성령의 음성을 더 빈번하고 정확하게 듣기 위해서, 듣는 기도라는 새로운 발걸음을 떼십시오. 더 많이 내어놓고 의탁하십시오. 그리고 음성을 들었다면, 실수를 두려워하지 말고 성령님을 의지하여 과감하게 믿음으로 나아가십시오. 그것이 하나님께서 당신을 향해 예비하신 능력 있고 풍성한 삶으로 가는 길입니다.

믿음의말씀사 출판물

구입문의 : 031-8005-5483 http://faithbook.kr

■ 케네스 해긴의 「믿음 도서관」 책들
- 새로운 탄생
- 재정 분야의 순종
- 나는 지옥에 갔다 왔습니다
- 하나님의 처방약
- 더 좋은 언약
- 예수의 보배로운 피
- 하나님을 탓하지 마십시오
- 네 주장을 변론하라
- 셀 모임에서 성령인도 받기
- 안수
- 치유를 유지하는 법
- 사랑은 결코 실패하지 않습니다
- 하나님께서 내게 가르쳐 주신 형통의 계시
- 왜 능력 아래 쓰러지는가?
- 다가오는 회복
- 잊어버리는 법을 배우기
- 위대한 세 단어
- 하나님의 은사와 부르심
- 그 이름은 "놀라우신 분"
- 우리에게 속한 것을 알기
- 성령을 받는 성경적인 방법
- 하나님의 영광
- 은혜 안에서의 성장을 방해하는 다섯 가지
- 사랑 가운데 걷는 법
- 바울의 계시: 화해의 복음
- 당신은 당신이 말하는 것을 가질 수 있습니다
- 그리스도 안에서
- 말
- 방언기도의 능력을 풀어 놓으라
- 옳은 사고방식 틀린 사고방식
- 속량 - 가난, 질병, 영적 죽음에서 값 주고 되사다
- 네 염려를 주께 맡겨라
- 예언을 분별하는 일곱 단계
- 절망적인 상황을 반전시키기
- 당신의 믿음을 풀어 놓는 법
- 진짜 믿음
- 믿음이란 무엇인가
- 그리스도께서 지금 하고 계시는 일
- 충분하고도 넘치는 하나님 엘 샤다이
- 금식에 관한 상식
- 하나님의 말씀 : 모든 것을 고치는 치료제
- 가족을 섬기는 법
- 조에
- 당신이 알아야 하는 신유에 관한 일곱 가지 원리
- 여성에 관한 질문들
- 인간의 세 가지 본성
- 몸의 치유와 속죄
- 크게 성장하는 믿음
- 하나님 가족의 특권
- 기도의 기술
- 나는 환상을 믿습니다
- 병을 고치는 하나님의 말씀
- 영적 성장
- 신선한 기름부음
- 믿음이 흔들리고 패배한 것 같을 때 승리를 얻는 법
- 믿음의 선한 싸움을 싸우는 법
- 하나님의 계획과 목적과 추구
- 예수 열린 문
- 믿음의 계단
- 당신을 향한 하나님의 계획
- 역사하는 기도
- 기름부음의 이해
- 내주하시는 성령 임하시는 성령
- 재정적인 번영에 대한 성경적 열쇠들
- 어떻게 하나님의 영으로 인도받을 수 있는가?
- 마이더스 터치
- 치유의 기름부음
- 그리스도의 선물
- 방언
- 믿는 자의 권세(생애기념판)
- 믿음의 양식
- 승리하는 교회

■ E. W. 케년
- 십자가에서 보좌까지 무슨 일이 일어났는가?
- 두 가지 의
- 놀라우신 그 이름 예수
- 하나님 아버지와 그분의 가족
- 나의 신분증
- 두 가지 생명
- 새로운 종류의 사랑
- 그분의 임재 안에서
- 속량의 관점에서 본 성경
- 두 가지 지식
- 피의 언약
- 숨은 사람
- 두 가지 믿음
- 새로운 피조물의 실재

■ 스미스 위글스워스
- 스미스 위글스워스의 천국
- 스미스 위글스워스의 매일묵상
- 위글스워스는 이렇게 했다
- 스미스 위글스워스의 능력의 비밀

■ T. L. 오스본
- 행동하는 신자들
- 기적 – 하나님 사랑의 증거
- 새롭게 시작하는 기적 인생
- 좋은 인생
- 성경적인 치유
- 능력으로 역사하는 메시지
- 100개의 신유 진리
- 24 기도 원리 7 기도 우선순위
- 하나님의 큰 그림
- 긍정적 욕망의 힘
- 당신은 하나님의 최고의 작품입니다

■ 잔 오스틴
- 믿음의 말씀 고백기도집
- 하나님의 사랑의 흐름
- 견고한 진 무너뜨리기
- 초자연적인 흐름을 따르는 법
- 당신의 운명을 바꿀 수 있습니다
- 어떻게 하나님의 능력을 풀어놓을 수 있는가?

■ 크리스 오야킬로메
- 여기서 머물지 말라
- 이제 당신이 거듭났으니
- 당신의 인생을 재창조하라
- 이 마차에 함께 타라
- 그리스도 안에 있는 당신의 권리
- 성령님과 당신
- 성령님이 당신 안에서 행하실 일곱 가지
- 성령님이 당신을 위해 행하실 일곱 가지
- 기적을 받고 유지하는 법
- 하나님께서 당신을 방문하실 때
- 올바른 방식으로 기도하기
- 당신의 믿음을 역사하게 하는 법
- 끝없이 샘솟는 기쁨
- 기름과 겉옷
- 약속의 땅
- 하나님의 일곱 영
- 예언
- 시온의 문
- 하늘에서 온 치유
- 효과적으로 기도하는 법
- 어떤 질병도 없이
- 주제별 말씀의 실재
- 마음의 능력

■ 앤드류 워맥
- 당신은 이미 가졌습니다
- 은혜와 믿음의 균형 안에 사는 삶
- 하나님의 참된 본성
- 하나님은 당신이 건강하기 원하십니다
- 영 · 혼 · 몸
- 전쟁은 끝났습니다
- 믿는 자의 권세
- 새로운 당신과 성령님
- 노력 없이 오는 변화
- 하나님의 충만함 안에 거하는 열쇠
- 더 좋은 기도 방법 한 가지
- 재정의 청지기 직분
- 하나님을 제한하지 마라
- 하나님의 뜻을 발견하고 따라가며 성취하라
- 하나님의 참 본성

■ 기타「믿음의 말씀」설교자들
- 성령의 삶 능력의 삶
- 복을 취하는 법
- 주는 자에게 복이 되는 선물
- 믿음으로 사는 삶
- 붉은 줄의 기적
- 당신이 말한 대로 얻게 됩니다
- 예수–치유의 길 건강의 능력
- 성령 안의 내 능력
- 믿음과 고백
- 임재 중심 교회
- 성령충만한 그리스도인의 지침서
- 열정과 끈기
- 제자 만들기
- 어떻게 교회를 배가하는가
- 운명
- 모든 사람을 위한 치유
- 회복된 통치권
- 그렇지 않습니다
- 당신의 자녀를 리더로 훈련하라
- 오순절 운동을 일으킨 하나님의 바람

■ 김진호 · 최순애
- 왕과 제사장
- 새로운 피조물의 실재
- 믿음의 반석
- 새 언약의 기도
- 새로운 피조물 고백기도집(한글판/한영대조판)
- 성령 인도
- 복음의 신조
- 존중하는 삶
- 성경의 세 가지 접근
- 말씀 묵상과 고백
- 그리스도의 교리
- 영혼 구원
- 새로운 피조물
- 믿음의 말씀 운동의 뿌리
- 1인 기업가 마인드
- 내 양을 치라